2001
2010

DEZ ANOS QUE ENCOLHERAM O MUNDO

DANIEL PIZA

2001 DEZ ANOS QUE ENCOLHERAM O MUNDO 2010

DANIEL PIZA

LeYa

Diretor editorial **Pascoal Soto**
Editora **Tainã Bispo**
Produção editorial **Fernanda Ohosaku**
Preparação de textos **Débora Tamayose Lopes**
Revisão de textos **Estevam Vieira Lédo Jr**
Capa **Kiko Farkas e Thiago Lacaz / Máquina Estúdio**
Projeto e diagramação de miolo **Città Estúdio**
Apoio à pesquisa **Daniel Salles**

Dados internacionais de catalogação na publicação (CIP-Brasil)
Ficha catalográfica elaborada por Oficina Miríade, RJ, Brasil.

P695 Piza, Daniel, 1970-
Dez anos que encolheram o mundo : 2001-2010 / Daniel Piza. – São Paulo: Leya, 2011.
224 p.: il.

ISBN 978-85-8044-082-9

1. Civilização moderna – Século XXI. 2. Política e cultura. 3. Cultura e sociedade. I. Título.

11-0095 CDD 306.2

2011

TEXTO EDITORES LTDA.
[Uma editora do Grupo Leya]
Av. Angélica, 2163 – Conjunto 175
01227-200 – Santa Cecília – São Paulo – SP – Brasil
www.leya.com.br

Para Glauco e Daniela, com amizade

SUMÁRIO

PARTE 3 / CIÊNCIA & TECNOLOGIA, 99

PARTE 4 / MEIO AMBIENTE & METRÓPOLES, 121

PARTE 5 / ESPORTES, 139

INTRODUÇÃO

"UM HOMEM PISOU NA LUA, UM MURO CAIU EM BERLIM, UM MUNDO FOI CONECTADO PELA NOSSA CIÊNCIA E PELA NOSSA IMAGINAÇÃO."

BARACK OBAMA

ESTE LIVRO NÃO PRETENDE SER apenas uma retrospectiva. Mais que uma listagem de fatos e nomes, tem a intenção de refletir sobre as tendências de cada área e as tendências comuns ao longo da primeira década do século XXI. É uma empreitada temerária escrever história a quente, pois muitos anos são necessários para que se tenha uma noção do que caracterizou determinada década, sem contar que a simples divisão em décadas já é um ato arbitrário. Mas o esforço de partir de um espaço de tempo definido, atravessar seus acontecimentos e encontrar pontes entre eles pode ser recompensador. Narrados com essa preocupação, os fatos podem ser mais bem-vistos com associações e contextualizações; afinal, é de sua natureza que também não venham dentro de limites de tempo ou área.

Há controvérsias sobre o conceito de década, que para alguns seria do ano 0 ao ano 9, ou seja, a década anterior teria sido de 2000 a 2009. Mas outros lembram que os séculos começam no ano 01 e terminam em um ano 00, tanto que o século XXI começou em janeiro de 2001 e terminará em dezembro de 2100. Nomenclaturas à parte, analisar o decênio que foi de janeiro de 2001 a dezembro de 2010 pareceu uma maneira razoável de abordar as mudanças do mundo no começo de um novo século. Muitas dessas mudanças já vinham ocorrendo ou sendo gestadas em anos, décadas e séculos anteriores, mas o corte temporal é importante até para que isso seja compreendido. Organizando o fluxo de eventos em "nuvens", como se diz na computação, é possível montar pastas e atalhos.

Das tendências comuns às cinco grandes áreas que este livro sintetiza, a que mais chama a atenção é a transformação que uma simples invenção – essa mesma computação ou, para usar o termo mais amplo, a tecnologia da informação – trouxe para todas as facetas do cotidiano, das mais ordinárias (brincando com o termo francês para computador, *ordinateur*) às mais sofisticadas. Da caixa de uma padaria ao biólogo num laboratório, é raro o profissional hoje que não esteja diante de um computador. Desde projetos de engenharia como pontes estaiadas e jatos executivos, cujos ângulos são calculados por raios de *laser*, até empreitadas científicas como a decifração do genoma e o mapeamento do cérebro, que necessitam de contagens e escaneamentos que os computadores antigos jamais poderiam realizar, praticamente tudo hoje passa pela informática. Este livro mesmo contou com processador de texto, internet e e-mail em todos os instantes.

Até mesmo a política tem sido mudada pela ampliação das tecnologias, não apenas por campanhas na rede mundial e endereços em redes sociais, mas também por acompanhamentos de estatísticas, cobranças de comportamento dos políticos, vigilância de seus gastos, trocas de informações e organização de protestos, etc. O que dizer da economia, então? A consolidação da economia criativa – que reúne informática, entretenimento, turismo, esportes e outros setores que não vivem exclusivamente da venda de mercadorias de uso "prático" reproduzidas em larga escala – ocupou espaço que era da produção industrial nos resultados de muitos países. O mercado financeiro mundial ficou cada vez mais interdependente, com consequências boas e ruins (e ainda por saber quais são quais). Filmes, aviões e muitos outros produtos passaram a ser fabricados em conjunto pelos países mais diversos.

É nesse sentido que se pode dizer que o mundo "encolheu". Não que as distâncias tenham morrido, como alegaram alguns. Muito menos que ele seja um só, e todo mundo tenha de seguir um consenso tão breve quanto arrogante. Ao contrário: as culturas falam mais entre si agora do que jamais falaram antes, mas isso tem valorizado a diversidade, não a uniformidade. O acesso a outras tradições e visões de mundo só fez aumentar, o que, por sua vez, também colocou em xeque os sistemas que não permitem esse acesso. O número de democracias no planeta aumentou, ainda que nem sempre se entenda que há vários modos de atingi-la e formatá-la. O mundo encolheu pela rapidez e pela abrangência com que se interliga, mas não precisa nem quer ser "um só", como se as especificidades não existissem.

Temas comuns entraram definitivamente na agenda, como a preocupação com a sustentabilidade do meio ambiente – outra tendência que se acentuou neste início de século –, mas as soluções terão de ser tão heterogêneas quanto os ecossistemas. Um país como o Japão terá de ter uma política ambiental bem distinta da de um país como o Brasil, digamos. Além disso, um mundo "encolhido" – mais aproximado, conectado, interdependente do que jamais foi – pode ser em si uma boa notícia, ao menos para quem acredita em direitos humanos universais e desconfia de ideologias que isolam as culturas, o que já era mentira séculos atrás (como contar a história da cultura japonesa sem falar da chinesa, ou como falar de uma cidade como São Paulo sem falar da imigração japonesa?).

Não se trata, portanto, de argumentar que estamos numa "aldeia global", como o sociólogo canadense Marshall McLuhan, para quem a interconexão iniciada pela TV trazia o risco de volta a um estágio tribal, no qual as liberdades individuais são tolhidas. Mas de ver um mundo que se comunica e se influencia mutuamente com intensidade inédita, o que traz ganhos, perdas e, sobretudo, outros níveis de complexidade. O título deste livro remete ao do jornalista americano John Reed, *Dez Dias que Abalaram o Mundo*, que descreve os acontecimentos de outubro de 1917 que levaram à Revolução Russa. No século seguinte, diminuíram as revoluções que pretendem abalar o mundo e salvá-lo com utopias coletivistas. Agora ele muda gradualmente e, apesar de discursos conservadores, muda muito – como a primeira década do século XXI demonstra.

Daniel Piza
Abril de 2011

Sean Adair/Reuters/LatinStock

1 / POLÍTICA & ECONOMIA

O 11 DE SETEMBRO

NOVA YORK ACORDOU NA MANHÃ de 11 de setembro de 2001 com imagens e estrondos terríveis, que mais pareciam cenas de um filme de catástrofe hollywoodiano: um avião comercial e logo depois outro avançaram contra as duas torres gêmeas do World Trade Center, na região sul da ilha de Manhattan, penetraram nelas como lanças de aço e explodiram, matando centenas de pessoas e levando os prédios abaixo. Nos primeiros momentos, pensou-se em acidente, mas um terceiro avião despencou meia hora depois sobre a sede do Pentágono, a centenas de quilômetros dali, e não tardou para que se percebesse que se tratava de uma ação terrorista. No interior da Pensilvânia, um quarto avião se espatifou no solo pouco tempo depois, e mais tarde se soube que os passageiros impediram que os sequestradores chegassem ao alvo, possivelmente o Capitólio ou a Casa Branca. Foram cerca de 3 mil mortos no total, incluindo os 19 suicidas.

Os alvos tinham significado óbvio: os poderes civil, militar e comercial dos EUA. Nas torres do WTC trabalhavam mais de 17 mil pessoas das mais diversas origens, de asiáticos a hispânicos, de europeus a africanos. A organização terrorista que assumiu o atentado, a Al Qaeda, comandada pelo saudita Osama Bin Laden, queria expressar o ódio à globalização da economia e à hegemonia da América, apoiadora de Israel. Os ataques vinham sendo planejados ao menos desde 1996 por Osama e pelo terrorista paquistanês Khalid Sheik Mohammed, que já havia participado da explosão de uma bomba em 1993 no mesmo WTC. O governo do presidente americano, George W. Bush, cercado de "falcões" (defensores de uma política externa intervencionista), reagiu dizendo que caçaria Osama onde quer que ele estivesse e, no mês seguinte, atacou o regime do grupo Talibã, no Afeganistão, responsável por acolher e ajudar os terroristas da Al Qaeda. A popularidade do presidente saltou para mais de 90% nas pesquisas feitas logo depois do ataque.

As reações foram muito além de decisões políticas. O compositor alemão Stockhausen afirmou que os atentados eram "a mais bela obra de arte já feita" e a intelectual americana Susan Sontag disse que os EUA colheram o que semearam, como se fossem a causa do fundamentalismo islâmico. Do outro lado, o premiê italiano Silvio Berlusconi falou na necessidade de novas "cruzadas" e o intelectual inglês Paul Johnson defendeu a superioridade moral da civilização cristã, como se a modernidade ocidental não tivesse se afastado dos dogmas religiosos.

Também os autores dos dois livros mais debatidos da década de 1990, Samuel Huntington (*O Choque das Civilizações*) e Francis Fukuyama (*O Fim da História*), se manifestaram. Huntington foi considerado mais certeiro porque deu ênfase aos conflitos culturais cíclicos da história, que estariam apenas sendo redesenhados, do que Fukuyama, que alegou que o capitalismo democrático era uma espécie de patamar estável buscado pelo planeta. Ambos, porém, reagiram de modo muito parecido, alegando que esse sistema não estava sob ameaça e criticando o terrorismo islâmico.

A ação no Afeganistão envolveu coalizão de diversos países, até mesmo o Paquistão, e foi eficiente: demoveu o Talibã do poder, desmantelou as estruturas locais da Al Qaeda e conduziu o país para um regime mais aberto, sob comando do presidente Hamid Karzai. Mas, em março de 2003, os EUA decidiram invadir outro país, o Iraque, e mesmo democratas como o casal Bill e Hillary Clinton deram apoio. A alegação não era apoiar movimentos rebeldes da maioria civil contra um ditador, mas destituir Saddam Hussein porque seria o fornecedor de armas químicas e nucleares para os terroristas da Al Qaeda e outras organizações. W. Bush, apoiado pelo primeiro-ministro trabalhista inglês Tony Blair, chegou a mostrar imagens aéreas de supostos depósitos de armamentos. Mais tarde, como se desconfiava, provou-se que as imagens não mostravam nada disso.

Além das falsas acusações, os custos foram muito mais altos que os prometidos. Mais de 120 mil pessoas morreram, incluindo os choques entre facções sunitas e xiitas nas diversas regiões do país. Mais de 4 milhões de iraquianos tiveram de se refugiar, em péssimas condições de sobrevivência. Saddam foi deposto, capturado (em dezembro de 2003) e enforcado, mas a guerra se estendeu por muito mais anos que o previsto, até a década seguinte, com diversos casos reportados de massacres de civis, estupros e torturas por parte de soldados americanos e ingleses. Os gastos se aproximaram de US$ 10 bilhões. E, apesar da vitória, de algumas eleições e da queda no número de vítimas, alguns episódios mancharam a imagem.

Dois deles podem ser destacados. Primeiro, o que aconteceu em 19 de agosto de 2003 em Bagdá, na sede da Organização das Nações Unidas (ONU), quando um caminhão-bomba destruiu o prédio e matou 17 pessoas. Entre elas, estava o diplomata brasileiro Sérgio Vieira de Mello, que havia se destacado no trabalho no Timor Leste e era cotado para substituir o presidente da ONU, Kofi Annan. Sérgio, um firme advogado de ações multilaterais e pacificadoras, estava em sua sala quando a bomba explodiu. Ficou soterrado sob os escombros. Mal aparelhada, a equipe de resgate, que chegou a conversar com ele (e Sérgio se recusou a rezar para um Deus que havia permitido aquilo), não conseguiu remover as vigas e os corpos que estavam acima dele a tempo. Anos depois, livros e documentários mostrariam sua vida de dedicação a causas humanitárias.

O outro episódio foi o revelado em abril de 2004 pela imprensa americana a respeito da prisão de Abu Ghraib, controlada pelos EUA. Torturas, abusos e todos os tipos de humilhação aos presos foram descritos por imagens e textos. Uma das fotos mais famosas – ou infames – foi a da soldada Lynndie England segurando por uma coleira um preso nu e ferido no corredor das celas. No ano seguinte, ela e seu noivo, Charles Graner, foram condenados a três e dez anos de detenção, respectivamente. A pressão pela renúncia do secretário de Estado, Donald Rumslfed, ficou muito grande, mas só foi acontecer em junho de 2006, com as revelações sobre torturas também na prisão de Guantánamo, em Cuba, para onde eram enviados prisioneiros de guerra iraquianos.

Documentários e livros importantes foram escritos sobre o 11 de setembro de 2011, assim como obras de ficção e até uma história em quadrinhos do artista Art Spiegelman (*À Sombra das Torres Ausentes*). Os atentados em Manhattan e as consequentes guerras no Oriente Médio entraram para o imaginário cultural de forma definitiva, tornando-se até mesmo alegoria em filmes de "entretenimento", como *Batman Begins* ou *O Príncipe da Pérsia*. Na vida real, as previsões de uma radicalização do mundo árabe, uma escalada de violência antiamericana, não se confirmaram. Atentados continuaram a acontecer, mas alguns regimes começaram a se abrir, não necessariamente por causa do 11/9. O apocalipse não veio.

AO 11 DE SETEMBRO DE 2001 se seguiram outros atentados reivindicados pela Al Qaeda e por outros grupos terroristas islâmicos, nenhum em solo americano. Em 12 de outubro de 2002, foi a vez de Bali, na Indonésia, onde duas bombas mataram cerca de 200 turistas. Em 15 de novembro de 2003, em Istambul, na Turquia, o alvo dos terroristas suicidas foram duas sinagogas, com mais de 20 mortes; cinco dias depois, uma agência bancária e o consulado inglês explodiram, levando 27 vidas. Duas grandes capitais ocidentais experimentaram o horror também: em Madri, em 11 de março de 2004, dez bombas atingiram alguns trens, matando quase 200 pessoas, em atentado assumido pela célula local da Al Qaeda; e em Londres, em 7 de julho de 2005, quatro explosões destruíram um ônibus e três vagões de metrô, deixando cerca de 50 mortos.

Os conflitos no Oriente Médio também vitimaram chefes políticos. O ex-premiê do Líbano, Rafik Hariri, morreu em atentado com carro-bomba em 14 de fevereiro de 2005. Já em 12 de junho de 2006, militantes do grupo extremista Hezbollah atravessaram a fronteira com Israel, mataram oito soldados e sequestraram dois. Israel respondeu com bombardeios ao sul do Líbano. Mas boas notícias também vieram de outras fronteiras de Israel, na Faixa de Gaza, território palestino que começou a ser desocupado por militares e colonos judeus em agosto de 2005. Em outra região tensa, o Paquistão, em 27 de dezembro de 2007, a ex-premiê Benazir Bhutto foi baleada em atentado durante um comício em Rawalpindi. Em seguida, o atirador detonou uma bomba e matou 20 pessoas, além dele mesmo.

Poucas regiões tensas apareceram tanto no noticiário da primeira década quanto a Chechênia. Na realidade, os problemas já começaram em 1991, quando ela se declarou independente da Rússia. Três anos depois, o governo de Boris Ieltsin decidiu invadir a região para evitar o separatismo e teve muitas dificuldades até conquistar a capital, Grosny, em 1995, e no ano seguinte o cessar-fogo foi decretado. Os separatistas islâmicos, porém, retomaram o movimento em 1999 e invadiram a república vizinha do Daguestão, de onde foram expulsos por tropas russas. Denúncias de massacres levaram a ONU a visitar a região, mas em junho de 2000 o presidente Vladimir Putin colocou a Chechênia sob sua administração direta. Isso não cessou os conflitos.

Em 23 de outubro de 2002, por exemplo, 50 terroristas chechenos invadiram o Palácio da Cultura de Moscou, e os confrontos vitimaram 150 inocentes. Dois anos depois, no dia 1º de setembro, o horror foi ainda maior: os terroristas invadiram uma escola em Beslan, na república da Ossétia do Norte, e fizeram mais de 1.200 reféns, na maioria crianças, durante três dias em que nem sequer havia água para os alunos. Cerca de 200 morreram depois que as tropas russas cercaram e invadiram o local. A Chechênia voltou às manchetes em 29 de março de 2010, quando duas terroristas suicidas explodiram estações de metrô em Moscou, matando 40 pessoas. As ligações perigosas entre a Rússia e as repúblicas ex-soviéticas tiveram outro capítulo bélico em julho de 2008, quando a Geórgia e a Ossétia do Sul, esta apoiada por Moscou, entraram em conflito.

Outro episódio relacionado com guerrilhas rebeldes e acompanhado pelo mundo todo foi o da colombiana Ingrid Betancourt, candidata a presidente que foi sequestrada pelas Farc (Forças Armadas Revolucionárias da Colômbia) em 23 de fevereiro de 2002, ao lado de sua chefe de campanha, Clara Rojas, e só resgatada pelo Exército na selva do país em 2 de julho de 2008. Betancourt, que engravidou no cativeiro, exigiu indenização do governo de seu país e foi morar na França, onde escreveu um livro.

No entanto, com todos esses casos de terror e tensão, a narrativa da primeira década do século também revela uma perda de espaço de ditadores e autocratas em geral. Não por acaso, e na verdade desde a queda do muro de Berlim em 1989, muitos livros e documentários revisaram tiranias de esquerda e de direita que tanto marcaram o século XX. Hitler, Stalin, Lenin, Mussolini, Mao Tsé-tung, Pol Pot e outros que causaram milhões de mortes, movidos por um hipernacionalismo antimoderno e cruel, foram temas de biografias com informações novas e sem justificativas ideológicas. Filmes como *A Queda*, de Oliver Hirschbiegel, e *Vincere*, de Marco Bellocchio, também se aprofundaram na psicologia autoritária. Mesmo num país de reduzida liberdade de expressão como a China, relatos sobre a Revolução Cultural, a fome e os maus-tratos às mulheres foram publicados e lidos mundo afora.

Na vida real, muitos (como Saddam Hussein) caíram, outros (como Fidel Castro, que em fevereiro de 2008 transferiu a presidência de Cuba para o irmão Raúl) cederam um pouco do poder. O sérvio Slobodan Milosevic, conhecido como "açougueiro dos Bálcãs", foi preso em 2001 por seus crimes contra a humanidade; morreu em 2006, aos 64 anos, quando o processo ainda corria. Mas outros ainda resistem, em alguns países da África (Robert Mugabe, Zimbábwe) e do Oriente Médio (Mahmoud Ahmadinejad, Irã) e na Coreia do Norte (Kim Jong-il).

BARACK OBAMA, O FENÔMENO CONTROVERSO

POUCOS NOMES MARCARAM TANTO o início de século quanto este bastante curioso: Barack Hussein Obama II. Um negro nascido no Havaí, de pai queniano, com infância passada na Indonésia e sobrenomes que remetem aos dois maiores inimigos recentes dos EUA, Saddam Hussein e Osama Bin Laden. Parecia uma mistura improvável para suceder ao republicano George W. Bush como presidente do poderoso Estado americano. No entanto, já como senador democrata por Illinois – onde desenvolvera uma carreira de sucesso como advogado atuante na periferia de Chicago, logo depois de se diplomar em Harvard –, Obama se tornou o maior fenômeno político do período. E isso não apenas por suas credenciais étnicas, sociais ou acadêmicas, mas, sobretudo, por seu discurso, ao mesmo tempo adequado e original.

Nascido em 4 de agosto de 1961, Obama se transformou rapidamente no símbolo de renovação que a impopularidade de Bush e a crise econômica invocavam com alarde. Mas ele entendeu que não bastava ser jovem, simpático e diferente e tratou de encontrar uma voz que também soasse madura, conciliatória e atual. Contra um país dividido pelo clima de guerra e endividamento, pôs sua ênfase na união das metades azul e vermelha, dizendo que sua própria história multicultural e meritocrática só seria possível nos EUA. Investiu alto numa campanha presidencial com forte aparição na internet, o que motivou principalmente os jovens, que chegaram a fazer videoclipes em sua defesa. Além disso, venceu a desconfiança acerca de sua pouca experiência administrativa com tom de seriedade, demonstrando a habilidade de um orador que alguns compararam a John Kennedy.

Não que Obama tenha adotado uma linha complacente, livre de confrontos. Até discordou da maioria dos democratas em assuntos polêmicos, como a invasão do Iraque (foi contra desde o princípio, ao contrário de Bill Clinton) e as cotas raciais (é a favor como um dos critérios de desempate, mas não como adicional absoluto). Criticou o governo Bush II em outros campos, como o científico, a exemplo da proibição da pesquisa com células-tronco por motivos religiosos. E enfrentou uma série de preconceitos, a começar pelos raciais. Sua amizade com o reverendo Jeremiah Wright, um radical do movimento negro, foi explorada como se concordasse com ele nesse assunto. Outros detratores mostraram que em sua ascendência familiar havia muitos muçulmanos. Houve até quem o dissesse inelegível porque não seria propriamente um americano.

A frustração geral e o discurso hábil, porém, falaram mais alto, e Obama foi eleito o 44º presidente dos Estados Unidos da América nas eleições de 4 de novembro de 2008. Venceu John McCain, um republicano sem muito carisma, por uma diferença de 52% a 47% dos votos e tomou posse em 20 de janeiro de 2009, logo atingindo altos índices de popularidade. Entre os analistas, raros foram os consensos, mas o principal deles foi o de que o primeiro inimigo de Obama não estaria na economia ou no Iraque, mas nas próprias expectativas que havia gerado. A chegada dele à Casa Branca e de sua mulher, Michelle Obama, uma advogada negra de currículo também sólido em Harvard, provocou euforia no país e fora dele.

Obama poderia até estar acostumado a isso, pois fora eleito senador em 2004 com 70% dos votos, depois de ter se destacado em Harvard como o primeiro negro a dirigir a prestigiosa revista *Harvard Law Review* e como membro de fundações dedicadas ao trabalho em comunidades carentes. Entre as iniciativas que comandou, estava o "Project Vote", que registrou mais de 150 mil eleitores negros. Outro trabalho que lhe rendeu fama e o colocou nas listas de líderes do futuro elaboradas pelas publicações de Chicago foi o livro *Dreams from my Father*, que publicou quando tinha 34 anos, no mesmo ano em que sua mãe, uma antropóloga nascida em Kansas, no sul dos EUA, morreu de câncer no ovário. O livro de Obama é uma mescla de memórias familiares com defesas dos direitos da minoria negra, em especial do acesso à educação por meio de bolsas e programas especiais.

Como senador, continuou a chamar a atenção por seus discursos e seus projetos e conquistou cada vez mais adeptos dentro do próprio partido. Em fevereiro de 2007, quando se declarou concorrente nas primárias para a escolha do candidato democrata à Presidência, não houve surpresa, mas poucos achavam que pudesse bater a outra concorrente, Hillary Clinton, mulher do ex-presidente Bill Clinton, então considerada um nome forte para o cargo. Mas Obama, com vitórias expressivas em estados como Carolina do Sul e Montana, ganhou a acirrada disputa, contando com o apoio da maior parte das classes intelectual e artística, e foi declarado oficialmente candidato em agosto de 2008. O bordão de sua campanha, "Yes, we can" (Sim, nós podemos), traduziu de modo simples o otimismo e passou a ser imitado em muitos lugares do mundo.

Mas campanha se faz em poesia e governo, em prosa, disse um governador de Nova York, Mario Cuomo, e com Obama não foi diferente. Passada a euforia, as dificuldades econômicas de 2009 tomaram conta dos noticiários. Como presidente, ele cumpriu algumas promessas no primeiro ano de mandato, como a retomada da pesquisa com células-tronco, a contenção dos gastos em armamentos e a programação da retirada de soldados da Guerra do Iraque. Mas o foco estava todo voltado para a queda da produção, a desvalorização do dólar e o aumento do desemprego. A crise mais aguda havia sido deflagrada pela bolha dos empréstimos do setor imobiliário, em que as dívidas eram repassadas adiante por instituições sem capacidade de lastreá-las, e muitos analistas previam um período equivalente ao da Grande Depressão, iniciado com o *crash* da bolsa de Nova York em 1929.

Por extensão, o pacote de salvamento de Obama, que previa a injeção de dinheiro público no mercado financeiro a curto prazo, foi muito criticado. Colunistas influentes, como Paul Krugman, Prêmio Nobel de Economia em 2008, e Nouriel Roubini, chamado de "Dr. Catástrofe" por ter profetizado a crise passo a passo, sugeriram que Obama nacionalizasse instituições financeiras; do contrário, estaria apenas alimentando a voracidade que causou os problemas. Alguns meses depois, porém, a economia americana começou a reagir, com índices de confiança, consumo e emprego acima dos previstos. A parte menos emergencial de seu pacote, no entanto, ficou de canto. Entre outras mudanças, Obama propôs maior regulação do mercado financeiro, com limites para alavancagem de crédito, e novas regras para os bônus de grandes empresas, os quais tinham chegado a níveis estratosféricos.

Obama iniciou o segundo ano de seu mandato com fôlego renovado. Além de debelar parcialmente a crise econômica, teve êxito no que muitos de seus antecessores – como Bill Clinton – falharam: a reforma do sistema de saúde. Toda a dificuldade estava em trazer mais de 30 milhões de americanos para a cobertura dos planos sem que isso implicasse gastos que o governo não pudesse sustentar. Depois de meses de duras negociações, o projeto foi aprovado. Com isso, a imagem de Obama como político bom no discurso, mas medíocre na ação começou a ser mudada.

Na política externa, Obama tem escutado muitas críticas – como sua demora para definir o destino da prisão de Guantánamo, onde os crimes contra os direitos humanos praticados pelos EUA foram denunciados em imagens constrangedoras –, mas também somou pontos em outras situações. Sob o comando de Hillary Clinton, seu governo adotou uma abordagem multilateral muito distinta da de George W. Bush, como ao defender a criação de um Estado palestino. Ao mesmo tempo, não cedeu nada em relação aos países que seu antecessor batizou de "eixo do mal", por seus programas de energia nuclear e seus vínculos com organizações terroristas: Coreia do Norte, Irã e Iraque.

Em maio de 2010, a atitude do governo Obama diante do Irã pôs em rota de colisão os EUA e o Brasil. Até então as relações entre Obama e o presidente Lula eram as melhores possíveis. Lula saudou a eleição do colega americano, especialmente porque também representaria os mais pobres no poder, e num encontro de líderes mundiais Obama festejou o presidente brasileiro com a frase "There is my man", logo traduzida pela imprensa brasileira como "Lula é o cara, diz Obama". Mas o acordo dos governos do Brasil e da Turquia com Mahmoud Ahmadinejad, o presidente iraniano que, entre outras afirmações, declarou não ter havido o Holocausto (o massacre de milhões de judeus na Segunda Guerra Mundial), afastou Obama de Lula. Os EUA imediatamente repudiaram o acordo, enquanto o Brasil alegou que as sanções não eram melhor instrumento de pressão contra o programa nuclear do que o diálogo. Em seus dois primeiros anos, Obama não visitou o Brasil, segundo maior parceiro latino-americano do país que governa.

A GLOBALIZAÇÃO: DA HIPERLIQUIDEZ À CRISE MUNDIAL

NOS ANOS DE 1990, OS debates sobre ganhos e perdas da globalização – entendida particularmente como a internacionalização da economia, traduzida na crescente conexão entre mercados financeiros e no aumento das relações comerciais entre os países – foram muito além dos livros. Houve protestos em diversas ocasiões e regiões, em especial durante o Fórum Mundial de Davos, na Suíça, e seu antípoda, o Fórum Mundial Social, realizado na maioria das vezes em Porto Alegre, no Brasil. A globalização, ou "mundialização" (como preferem, por exemplo, os franceses), era atacada tanto por ativistas dos países pobres, que diziam que era uma forma de exploração por parte das economias mais ricas, quanto por trabalhadores do chamado Primeiro Mundo, que acusavam o processo de levar emprego para as regiões menos desenvolvidas. Manifestações, não raro reprimidas de forma violenta, eclodiram em diversas praças, e o assunto era debatido diariamente nos jornais, nas TVs e na internet.

Na primeira década do século XXI, curiosamente, raramente se viu o mesmo. Até a palavra "globalização" foi muito menos usada, sobretudo no tom mais negativo. Em parte isso pode ter sido causado pelos ataques de 11 de setembro de 2001, já que a rejeição aos fluxos econômicos e populacionais foi identificada com um discurso tão radical, tão antimoderno. Mas a principal razão para a diminuição de protestos, até mesmo nos grandes eventos citados, pode ter sido o próprio desenvolvimento da economia nas mais diversas partes do mundo. Quem dizia que as aberturas comerciais e financeiras favoreceriam os países mais ricos, com o tempo se viu em dificuldades para explicar o ritmo desacelerado de Europa, Japão e EUA, em contraponto com o das chamadas economias "emergentes", como a China, a Índia e até mesmo o Brasil. E quem se queixava de perder empregos para esses países foi obrigado a reconhecer que suas próprias economias teriam muita dificuldade sem a oportunidade de investir neles e adquirir matérias-primas, produtos baratos e também mão de obra barata.

De 2003 a 2007, na realidade, a economia mundial mostrou, em média, muitos sinais saudáveis: crescimento da produção, da liquidez, do Índice de Desenvolvimento Humano (IDH). Em 2007, por exemplo, o PIB dos países desenvolvidos cresceu 2,7% em média; o do Brasil cresceu 5,4%; e o dos emergentes, com China (11,4%), Índia (9,2%) e Rússia (8,1%) à frente, cresceu 7,9%. A redução da pobreza se acelerou, e muitos países conseguiram fazer reservas financeiras para atenuar os estragos de crises financeiras mundiais como as que haviam acontecido no Sudeste Asiático em 1997 e na Rússia em 1998, com fortes impactos em moedas como o real. Economistas como o então presidente do Banco Central americano (Fed), Alan Greenspan, creditaram o aumento dos investimentos internacionais ao surgimento das empresas de tecnologia "pontocom".

Em 2008, no entanto, esse admirável mundo novo revelou todas as suas fragilidades. A crise começou no sistema imobiliário americano, onde a política de concessão de créditos sub*prime* (empréstimos para financiamento de casa própria que exigem menos garantias do que os *prime*) formou uma bolha setorial que, ao explodir, contaminou boa parte do sistema bancário, em virtude dos altos riscos que as operações continham. Agentes financeiros passavam adiante tais hipotecas (*mortgages*) para outros agentes financeiros, fazendo o que se chama "alavancagem" de crédito. Com a baixa regularização do setor, estimulada nos governos Clinton e Bush, e a facilidade de obter recursos no mercado, rapidamente as dívidas de imóveis se multiplicaram. Depois da crise, muitos cidadãos se viram sem capacidade para renovar suas parcelas.

O estopim final da crise veio com a falência de um tradicional banco de investimentos, o Lehman Brothers, oficializada em 15 de setembro de 2008. Seu principal negócio nos últimos anos vinha sendo justamente a negociação de valores imobiliários com títulos do Tesouro. O baque financeiro americano logo levou ao de outros países, ganhando uma dimensão muito mais que setorial. A economia dos EUA entrou em recessão, assim como a da maioria dos países europeus e a do Japão, e o crescimento de países como China e Índia caiu quase à metade. No Brasil, o governo do presidente Lula, que chegou a dizer que a crise tinha sido causada pelos "brancos de olhos azuis" e chegaria ao Brasil como "uma marolinha", viu o PIB do quarto trimestre de 2008 sofrer uma retração de 3,6% em relação ao período anterior; no primeiro trimestre de 2008, novamente se viu variação negativa, de 1,8%.

Muitos analistas já alertavam para as distorções da economia americana. Mas em geral se apontava o alto nível de endividamento da população, como nos cartões de crédito (rodado a juros muito baixos), e o déficit na balança de pagamentos (os EUA tinham então 6,2% do PIB). Apenas alguns se referiram à bolha imobiliária e a seu potencial explosivo. O mais conhecido deles foi Nouriel Roubini, apelidado de "Dr. Catástrofe", um economista de origem turca que em seu blog previu não apenas a crise, mas todos os passos em que ela se daria. Já em 2005 ele alertava para a "onda especulativa" do setor, o que era normalmente rebatido como alarmismo. Ele e outros analistas, como o jornalista Paul Krugman, sempre foram muito críticos em relação à política econômica dos EUA, especialmente do Fed, por deixar a especulação correr solta, e a noção de preços se afastar demais dos valores reais. Calcula-se que a crise fez mais de US$ 2 trilhões em créditos desaparecerem do mercado financeiro.

A crise se acentuou ainda mais com a concordata da segunda maior empresa de seguros dos EUA, a AIG (American International Group), logo depois do Lehman. A única solução adotada pelas autoridades foi imediata: o governo foi obrigado a ampliar suas dívidas e injetar dinheiro para salvar o sistema financeiro; só a AIG recebeu US$ 85 bilhões de recursos públicos. Roubini e Krugman estavam entre os que pediam a nacionalização dessas empresas, mas, com exceção das agências de crédito imobiliário Fannie Mae e Freddie Mac, o governo Obama se recusou a passá-las para o controle público. Ao todo, ele injetou mais de US$ 2 trilhões para impedir a quebradeira dos bancos. O mesmo aconteceu em outros países, como Islândia, França, Suíça e Inglaterra: a Europa injetou ao todo cerca de US$ 1,5 trilhão em instituições financeiras.

O socorro ao mercado com dinheiro do Estado fez muitos analistas e políticos se referirem a John Maynard Keynes (1883-1946), o economista britânico. Mas eles esqueceram que Keynes advogava os gastos públicos para situações de crise que afetassem, sobretudo, a taxa de desemprego, desde que os governos se mantivessem superavitários nos períodos de estabilidade – o que não era o caso dos EUA. Keynes também dizia que era a favor da economia de livre mercado, contra excessivas taxações sobre a produção e o consumo – o que não era o caso de Europa e Brasil. O que Keynes defendia principalmente era a percepção de que a economia moderna, de crédito, implica muitas incertezas; e que supor que ela por si só produziria um equilíbrio e geraria os empregos suficientes ("a oferta cria a demanda") era uma ilusão. Nesse sentido, a crise de 2008 ilustrou, sim, muitas de suas teses. A ciranda financeira precisa de freios temporários para que a especulação não prejudique a produção que deve assegurar.

O socorro aos bancos produziu resultados ao garantir a liquidez e evitar que milhões de pessoas ficassem inadimplentes. Os EUA aos poucos foram saindo da recessão e apresentando números acima da expectativa na produção e na geração de empregos. No Brasil, de um crescimento abaixo de zero em 2009, se passou a um de 7% em 2010. Na Europa, puxada por países como a Alemanha, o pior também já passou. Mas, no biênio em questão, o mundo pagou preços altos por suas dívidas fiscais e pelas regalias especulativas. Depois das injeções financeiras, muitos governos se viram obrigados a cortar gastos, juros e impostos. Obama encaminhou ao Congresso americano uma proposta de reforma do sistema financeiro, que poria mais limites para a criação de uma instituição e para sua alavancagem de créditos, mas até o fim de 2010 ela não havia sido votada.

"O Estado voltou", eis uma frase que se ouviu e se leu muito depois de 2008. Era uma reação ao período conhecido como "neoliberal" (embora o termo tenha sido criado para definir um sistema de livre mercado com maiores proteções sociais, não menores), iniciado nos governos de Bush I e Thatcher nos anos de 1980, em que a interferência estatal na vida produtiva foi reduzida. Mas aquele período também era uma reação ao anterior, quando, principalmente nos anos de 1970, a expansão de gastos públicos gerou economias inflacionárias que tinham muita dificuldade para acompanhar o dinamismo das novas formas de produção, incentivadas pela tecnologia. Seja como for, a procura por uma política econômica mais equilibrada, que tempere a liberdade com a proteção, passou a ser o novo mote. Depois de 2008, ficou bem mais complicado afirmar que o mercado encontra naturalmente seu equilíbrio, que a soma de egoísmos é altruísta.

Ideologicamente, o que se viu na primeira década do século foi um prolongamento de uma tendência que teses como a da "terceira via" (um caminho intermediário entre o capitalismo *laissez-faire* e a social democracia) já embutiam: uma conversão ao centro. A esquerda identificada como a herdeira do pensamento marxista, que via no capitalismo uma forma crescente de produzir desigualdade, continuou a perder adeptos, principalmente depois que a queda do muro de Berlim representou o fracasso econômico e o corte autoritário das sociedades do Leste Europeu. A direita, que para essa esquerda deixou de ser aquela que se expressava em ocasiões como a Guerra Civil Espanhola (também autoritária, vinculada aos militares e à Igreja) e passou a reunir os que defendiam ideias como a do Consenso de Washington (segundo o qual as políticas econômicas de todos os países deveriam seguir os mesmos princípios, baseados num "Estado mínimo", que deveria ser não mais que um "guarda de trânsito" da economia), também perdeu espaço.

Muitos intelectuais tentaram redefinir esses conceitos. Muitos dizem que a esquerda tem mais "preocupação social", sendo mais favorável a políticas "de compensação", como programas assistencialistas (que aumentam a renda dos mais pobres com ajuda pública), e a direita daria mais ênfase à "eficiência econômica", impedindo, por exemplo, tolerância com as taxas de inflação (que até o século passado eram vistas, por muitos comentadores, como necessárias para reverter crises). O único consenso é o de que os extremismos cada vez atraíram menos votos. Políticos de origem socialista ou trabalhista passaram a adotar rigor monetário e a promover privatizações de estatais. Também o discurso de que o Estado nada pode e nada deve fazer pelos marginalizados, pelos que não recebem oportunidades de melhorar de vida, começou a ser bem menos ouvido.

O QUE MOVEU A ECONOMIA mundial ao longo da década, até mesmo na recuperação da crise de 2008-2009, foi a ascensão das chamadas economias emergentes. Alguns estudiosos calculam que apenas o crescimento da China sustentou a metade do ritmo de crescimento mundial no período. Avançando a taxas superiores a 10% ao ano (com exceção de 2009, quando ficou em 9,1%), a China tirou cerca de 30% de sua população da pobreza, passou a ser uma parceira comercial indispensável para muitos países (como EUA e Brasil) e se tornou a segunda maior economia do mundo (ultrapassando o Japão em 2010). Houve apenas um país que cresceu mais do que ela, Angola, com média de 11% ao ano, mas sobre uma base bem mais modesta. Outros países africanos, como Moçambique, também apresentaram taxa próxima de dois dígitos. Já o crescimento anual da Índia foi, em média, de 8,4% no período.

Considerando esses números e a dimensão de cada nação, o economista John O'Neill, da Goldman Sachs, cunhou o termo "Bric" para se referir a Brasil, Rússia, Índia e China como os países mais importantes desse processo. Embora com características e mesmo ritmos de crescimento muito diferentes (o Brasil cresceu 4,5% no período, menos que a metade da China), o quarteto mostrou um vigor produtivo muito maior que o dos países desenvolvidos. Ainda que a exportação de matérias-primas e insumos básicos para Europa, EUA e Japão seja sua principal fonte de renda, esses países passaram por reformas econômicas, se industrializaram, reduziram a pobreza e ampliaram seu mercado interno de consumo. Começaram a receber mais investimentos estrangeiros e também a levar suas indústrias para outros países. Com isso, ganharam papel geopolítico mais importante, ainda que desejem participação bem maior em decisões.

Em relação à China, muitos descreveram seu regime econômico como "capitalismo de Estado". No entanto, o atual sucesso vem de reformas nos anos de 1980 e 1990, que permitiram que a iniciativa privada se ampliasse e investisse cada vez mais, nem sempre com ajuda de dinheiro público. A carga tributária é de apenas 20% do PIB. É claro que, além do controle político, exercido pelo Partido Comunista, as estatais são muito fortes, e o governo controla e coordena boa parte das ações, como os investimentos em infraestrutura. Para a Olimpíada de 2008, por exemplo, o metrô de Pequim foi duplicado, atingindo 100 km de linhas graças ao financiamento público. Mas o salto econômico que se consolidou na primeira década do século se deveu em grande parte à adoção do livre mercado – oficializada em 2001, com a entrada do país na Organização Mundial do Comércio (OMC) – e à abertura a investimentos estrangeiros, com a chegada de numerosas multinacionais. Naquela Olimpíada, o que os chineses mais exibiram com orgulho foram as obras de arquitetos estrangeiros como Norman Foster, Rem Kolhaas e Herzog & De Meuron.

A Índia não fez muito diferente. Embora seja uma democracia pluripartidária e tenha abandonado o socialismo em 1991, foi uma série de medidas liberalizantes adotadas por ela desde então a razão do crescimento apresentado no período. Abertura comercial, privatizações, metas de inflação e outras decisões colocaram o país na rota de um mercado mais livre, muito forte no setor de serviços, e sua paisagem econômica rapidamente se transformou. Hoje a Índia, até então muito agrícola, é conhecida por cidades como Bangalore, onde instalou uma espécie de Vale do Silício com incentivos para empresas de tecnologia da informação, e por serviços como os *call centers* que atendem a empresas do mundo todo.

Na Rússia, a história não foi bem a mesma. Com o desmonte do império soviético a partir de 1991, a falta de uma tradição capitalista e democrática demorou a permitir a expansão econômica em ritmo acelerado. Mas, graças a recursos como o petróleo e o gás natural, cujos preços internacionais aumentaram ao longo da década, ela teve um enriquecimento mais visível na primeira década do século XXI. Em alguns anos, cresceu acima de 7%, derrubando o desemprego e ampliando a classe média. A baixa carga tributária e a queda da dívida pública ajudaram a impulsionar esse crescimento, assim como a tradição de investimentos em pesquisa e ciência e a ampla infraestrutura, principalmente de transportes e energia.

Tais saltos de crescimento não significam que esses países não tenham muitos problemas, com desafios ainda enormes pela frente. Nos casos de China e Índia, a superpopulação (respectivamente acima de 1,3 e 1,2 bilhão de habitantes) "incha" as estatísticas do PIB, pois no IDH esses países ocupam posições bem menos envaidecedoras (China em 89ª, Índia em 119ª), devido, em especial, à renda *per capita*, e também levantam polêmicas sobre a questão ambiental. Há analistas que dizem que, se essas duas populações (cerca de 40% da população mundial) quisessem viver com o padrão de consumo europeu ou americano, seriam necessários pelo menos mais seis planetas iguais ao que vivemos hoje. De qualquer modo, os investimentos são atraídos pela massa potencial de consumidores. Na Rússia, que tem a menor população entre os Brics (155 milhões) e é o mais bem classificado no IDH (65ª posição), ainda há boa parte vivendo no meio rural (mais de 30%), e a expectativa de vida é de 65,5 anos. Também a ineficiência e a corrupção do poder são obstáculos para um crescimento mais acelerado e homogêneo.

Ainda assim, esse crescimento dos Brics é o fato mais importante da economia na década anterior. Algumas projeções mostram a China como uma economia maior que a americana a partir de 2030. Países como Turquia, México, Coreia do Sul, Indonésia, Tailândia, Hungria e outros estão entre os 27 emergentes apontados por O'Neill; eles somam 62% da população do planeta e representam 43% do PIB mundial. Tendem, naturalmente, a ter muito mais peso nas próximas gerações.

A PRIMEIRA DÉCADA DO SÉCULO não foi boa para a Europa. Não começou assim. No dia 1º de janeiro de 2002, quando 12 países do continente adotaram uma moeda única, o euro – que depois, até 2010, se ampliou para outros cinco países –, havia a esperança de ter uma política econômica em bloco para fazer frente ao dólar americano e aprofundar as relações comerciais internas. Os "eurocéticos", assim batizados, duvidavam que um grupo de países tão heterogêneo – em estilos culturais, estágios econômicos e interesses políticos – pudesse conviver com regras tão restritivas, e algumas economias importantes como a britânica não aderiram ao bloco. Mas certamente a maioria dos europeus imaginava estar melhor em 2010 do que de fato estava. Criada em 1992 pelo Tratado de Maastricht, a União Europeia, que reúne 27 países, ainda não realizou o que planejava quando defendeu sua integração política e econômica.

A economia estagnou na primeira década. Com Estados muito endividados, que em alguns casos atingiram cargas tributárias insustentáveis (média de 36% do PIB), a economia tem dificuldades de acompanhar as mudanças de modos de produção e padrões de consumo, gerando poucos empregos e baixo crescimento. Na França, por exemplo, a carga de quase 45% do PIB não significa que o país tenha a mesma qualidade de vida de outras nações social-democráticas, como Finlândia, Suécia e Bélgica, onde a arrecadação é revertida para boas escolas gratuitas e existe maior abertura comercial. Como resultado, desde 2002 o país não consegue crescer mais que 2% ao ano. O desemprego aumentou, e com ele os problemas com imigrantes que vivem nas periferias das grandes cidades; em outubro de 2005, por exemplo, a violência policial contra adolescentes estrangeiros desencadeou uma onda de protestos em que mais de 9 mil veículos foram queimados.

Alguns países enfrentaram índices econômicos ainda piores. Na Islândia, a crise de 2008 levou a um colapso do sistema financeiro, com queda de 76% na bolsa, atingindo os três grandes bancos do país. Em Portugal, a recessão seguiu mesmo quando o restante do continente começou a se recuperar. Como a situação é semelhante na Irlanda, na Itália, na Grécia e na Espanha, a rubrica "Piigs" passou a denominar o grupo estagnado em dívidas. A Grécia deve nada menos que 113% do valor de seu PIB e corre o risco de ser expulsa da União Europeia. A determinação dos governos desses países de reduzir o déficit público entra em conflito com os sindicatos, que temem por corte de vagas, congelamento de salários e maior custo de vida e criticam a política de juros que favorece os banqueiros. Em 2009, o desemprego na União Europeia atingiu o índice médio de 9%. No Reino Unido, o governo Gordon Brown decidiu restringir as remunerações variáveis (bônus de porcentagens cada vez maiores sobre os lucros) a altos executivos.

O único país que escapou à estagnação foi a Alemanha, que em 2010 teve crescimento de 3,6%, bastante bom para um país tão desenvolvido. Foi seu maior crescimento desde a reunificação de 1991, reunificação muito celebrada por ocasião da Copa do Mundo de futebol em 2006, quando o país tentou mostrar uma imagem nova, mais otimista e aberta. Sua economia põe ênfase nas exportações, como as da indústria automobilística, e o crescimento dos mercados emergentes ajudou. Mas o país também promoveu mudanças de mentalidade, como no estímulo à economia criativa (informática, turismo, entretenimento, etc.), que hoje representa maior parcela do PIB que a indústria automobilística. Com carga tributária (34%) inferior à brasileira, o país tem 7% de desemprego e, assim, desempenha papel cada vez maior na economia europeia.

A VIDA PRIVADA DOS PODEROSOS sempre foi um assunto frequente nas sociedades, desde os antigos gregos e romanos, e nunca foi fácil isolar o que é simples curiosidade e o que é um escândalo real, de consequências para a maioria, pois mexe com informações e contravenções na esfera pública. Com a multiplicação dos meios de informação e comunicação – canais de TV por assinatura, sites de vídeo e áudio na internet, celulares com câmeras fotográficas, etc. –, essas fronteiras ficaram ainda mais confusas. Assim como as celebridades do cinema, da música e do esporte, as pessoas em cargos oficiais passaram a ser observadas como num *reality* show, seja por paparazzi – os "bisbilhoteiros" profissionais, a serviço de tabloides sensacionalistas ou revistas de fofoca –, seja por cidadãos comuns. Além disso, cada país tem sua legislação e sua cultura, o que torna a reação a determinados episódios bastante distinta.

Um caso que marcou a década foi o do primeiro-ministro italiano Silvio Berlusconi. Imagens que vieram a público, como a de festas feitas em volta da piscina de sua mansão, com muitas mulheres nuas, poderiam ser caracterizadas como invasão de privacidade. No entanto, uma das acusações que elas motivaram foi a de que havia garotas com menos de 18 anos, o que poderia configurar crime de corrupção de menores. Berlusconi é um dos homens mais ricos do mundo, dono de empresas de comunicação, de bancos e do clube de futebol Milan. É primeiro-ministro pela terceira vez, somando quase dez anos no poder, e já foi acusado de relações com a máfia, de campanhas de difamação, de desrespeitos à democracia. Seu comportamento íntimo parece se encaixar nesse quadro mais amplo.

O americano Eliot Spitzer, por sua vez, não durou muito mais que um ano no cargo de governador do estado de Nova York. Muito rico também, casado e educado nas melhores universidades de Direito dos EUA, ele foi obrigado a renunciar em março de 2008, depois de a polícia descobrir que fazia uso de uma rede de prostituição. Embora não tenha, até prova em contrário, usado dinheiro público ou tomado decisões oficiais movidas por interesses relacionados a esse ato, ele decidiu deixar o cargo diante da pressão da sociedade. Havia suspeitas de fraude no esquema, com o qual se estima que Sptizer tenha gasto mais de US$ 80 mil, mas depois a própria polícia declarou que ele não seria julgado em processo algum.

A discussão sobre a privacidade de representantes públicos esquentou mais ainda quando o site Wikileaks, lançado em dezembro de 2006, começou a publicar documentos sigilosos obtidos na internet. Até mesmo vídeos de ataques aéreos no Iraque e o manual de instruções para lidar com prisioneiros de Guantánamo foram vazados por meio da organização, que rapidamente acumulou milhões de documentos e teve enorme repercussão mundial. No fim de 2010, a revelação do conteúdo de milhares de correspondências confidenciais enviadas por embaixadores dos EUA para Washington, com dados e comentários sobre povos e políticos locais, com apoio de jornais como *The Guardian* e *The New York Times*, teve resposta ainda mais feroz. Dois dias depois, em 30 de novembro, a Suécia pediu à Interpol que prendesse o fundador do site, o *hacker* e jornalista australiano Julian Assange, acusado de assédio sexual. Até empresas que patrocinam o site foram sabotadas por inimigos do Wikileaks, que, no entanto, divulgou apenas memorandos oficiais, de cunho profissional e, portanto, de interesse público.

QUANDO FOI ELEITO PRESIDENTE EM outubro de 2002, Luis Inácio Lula da Silva, que já havia sido derrotado três vezes (por Fernando Collor de Mello em 1989 e por Fernando Henrique Cardoso em 1994 e 1998), agradeceu a algumas pessoas, especialmente a três: o publicitário Duda Mendonça, o coordenador Antonio Palocci e o empresário José Alencar. Duda Mendonça fez uma campanha baseada no "Lulinha paz & amor", numa imagem mais dócil do ex-sindicalista, para "anular o discurso do terror", ou seja, frases como as ouvidas em campanhas anteriores como "eu tenho medo" e "os empresários vão embora do país". Palocci, que seria seu primeiro ministro da Fazenda, tratou de aproximar Lula do mercado financeiro, prometendo que cumpriria contratos e metas. E Alencar simbolizou a aliança entre capital e trabalho: era um empresário que tinha vindo de baixo, enriquecido no setor têxtil, atuante em organizações patronais de um estado importante, Minas Gerais.

Essa estratégia foi determinante para que Lula aproveitasse o esgotamento do segundo mandato de FHC, marcado por crises como a do apagão, crescimento baixo e desemprego em alta, em vez de outro candidato (Roseana Sarney e Ciro Gomes chegaram a estar à sua frente, mas Roseana desistiu depois de foto que mostrava dinheiro inexplicado na empresa de seu marido, e Ciro morreu pela boca, incluindo declarações sobre sua mulher, a atriz Patrícia Pillar). Em junho de 2002, lançou uma "carta ao povo brasileiro" em que se comprometia com a política econômica e a conciliação política. A partir dali, não teve mais adversários. Mesmo se tivesse carisma, José Serra, ex-ministro da Saúde, bem avaliado, teria muitas dificuldades para mostrar que não pertencia ao mesmo grupo que estava no poder havia oito anos. Lula se tornou um símbolo de mudança leve, sem ruptura, com mais sensibilidade social.

O sucesso de seus oito anos de governo, em termos de popularidade, decorreu dessa decisão de campanha. Seu governo seguiu os fundamentos da política econômica do fim do governo anterior: câmbio flutuante, controle prioritário da inflação, superávit primário, formação de reservas. Deu uma espécie de autonomia branca ao Banco Central, sob comando do ex-tucano Henrique Meirelles, e aprimorou aqueles fundamentos (levando, por exemplo, as reservas a quase US$ 300 bilhões até 2010, para galgar alguns graus na avaliação de agências de investimento internacionais). Não reverteu praticamente nenhuma privatização e ainda vendeu alguns bancos estatais. Ironicamente, Lula colheu muitos frutos de medidas que criticou quando semeadas: era contra a reeleição e se reelegeu; era contra o Plano Real e tratou de baixar a inflação; era contra as privatizações, mas durante seu governo, por exemplo, o Brasil chegou a 100% de densidade telefônica, ou seja, com o mesmo número de celulares e habitantes (algo que uma empresa estatal sozinha não conseguiria nos mesmos dez anos).

Mas não foi apenas isso. Sua origem social e seu dom comunicador conferiram a seu governo a imagem de maior preocupação com os pobres. E isso se traduziu em algumas políticas. A mais comentada foi a do Bolsa Família, um programa que – depois do fracasso do Fome Zero, que tentava atrelar a assistência à alimentação – pegou o já existente Bolsa Escola, simplificou suas regras e chegou a um número muito maior de pessoas; se o governo anterior gastava R$ 1 bilhão por ano com ele, o governo Lula gastou 12 vezes mais. Menos comentada, mas com alcance ainda maior, foi a política de crédito, que fez saltar seus valores para mais de 30% do PIB; medidas como o crédito consignado, que é debitado diretamente do holerite do empregado ou do aposentado, com juros bem menores (num país onde cheque especial ultrapassa 8% ao mês e cartão de crédito, 12%), tiveram enorme aceitação. E outras medidas de caráter "social", como o ProUni (vagas reservadas em universidades privadas para pessoas carentes, financiadas por dinheiro público), reforçaram essa identidade.

Os resultados concretos, ainda que em muitos casos se devessem a medidas anteriores e, sobretudo, a avanços da sociedade como um todo (como no caso da crescente contratação formal, em carteira, por parte da maioria das empresas) e ao excelente contexto internacional (liquidez em alta, fluxo de investimentos para emergentes, alta das *commodities*), reverteram para o governo Lula também por causa dessa postura de equilibrista, dessa mescla de política econômica ortodoxa e política social reforçada. Ao fim de oito anos, o Brasil teve queda nos índices de pobreza e, embora não possa ser chamada de "classe média" no sentido clássico (capaz de investir as sobras em educação, lazer, carro e casa próprios), a classe C – de famílias que ganhavam de R$ 1.500 a R$ 4.000 por mês – chegou a 51% da população em 2008. Isso e o crédito mais acessível lançaram o consumo a outro patamar, essencial na manutenção do crescimento econômico. Este, embora consideravelmente abaixo do de outros emergentes (China, Índia, Rússia e mesmo México), teve média de 4% nos dois governos. Como Lula sempre insistiu na comparação, o avanço em relação à média de 2,3% nos dois governos de FHC pesou muito em seu favor.

Esse conjunto de fatores favoráveis, bem manipulados por suas políticas e seus discursos, mostrou sua força logo no primeiro mandato. Diversos casos de corrupção atingiram sensivelmente o governo Lula, que durante duas décadas havia explorado o assunto como se o PT fosse mais ético e menos fisiológico ("São 300 picaretas com anel de doutor", disse certa vez, o que até virou verso de canção). O mais escandaloso foi o do mensalão, denunciado pelo deputado Roberto Jefferson em 2005. Era um esquema que distribuía dinheiro a políticos do PT e dos partidos aliados por meio de contratos de licitação com as empresas de Marcos Valério, um publicitário mineiro com fortes ligações com bancos públicos. O mensalão caiu como uma bomba, derrubando o homem-forte do governo Lula, José Dirceu (que era um contrapeso à ortodoxia de Palocci e Meirelles), e manchando outros famosos, como José Genoíno e o tesoureiro do PT, Delúbio Soares, que alegou que o caixa 2 era apenas "dinheiro não contabilizado".

Nomes honrados de petistas eméritos, como Helio Bicudo, se afastaram do partido com críticas contundentes. Colunistas de jornal pediram desculpas por terem sempre confiado na imagem do PT como contrário a essas práticas com o dinheiro público. Novas denúncias surgiram em série, como o uso de empresas *offshore* (paraísos fiscais) admitido por Duda Mendonça. E, apesar de alguns intelectuais que menosprezaram a dimensão material e simbólica da crise, como a filósofa Marilena Chaui, o clima todo foi de decepção – e nunca mais alguém pôde dizer que o PT é por princípio mais honesto sem ouvir o termo "mensalão" como resposta.

No entanto, Lula driblou essa crise, como driblaria a que levaria à queda de Palocci no ano seguinte. Sem o núcleo de sua equipe, com a imagem descolada do PT como "nunca antes", ele chegou às eleições de 2006 com força. Sua popularidade decaiu durante a crise do mensalão, quando pela única vez ficou abaixo de 50% em ótimo e bom, mas ele mesmo disse na ocasião que outros políticos, sob tão graves suspeitas, não teriam o mesmo índice. Sua tática foi reagir com "eu não sabia", dizendo que nem mesmo um pai sabe o que um filho está fazendo no quarto ao lado. Por sinal, nem mesmo as acusações de favorecimento de contratos à microempresa de seu filho, Fábio, respingaram sobre a figura do presidente. Numa entrevista em Paris no auge do escândalo, ele chegou a reconhecer que havia caixa 2, mas disse que "essa é a praxe no Brasil", ou seja, que o PT não era mais desonesto que os outros partidos brasileiros. A informação de que Valério tinha feito esquemas semelhantes com políticos mineiros do PSDB, como Eduardo Azeredo, também colaborou com essa imagem. Nas eleições de 2006 era comum ouvir nas ruas que "todos roubam mesmo, todo mundo sabe disso" e, portanto, Lula merecia oito anos como FHC tinha tido. "Minha vida não piorou", era o comentário final.

No segundo mandato, o governo também enfrentou denúncias de corrupção, incluindo uma que obrigou a melhor amiga da então ministra Dilma Rousseff, Erenice Guerra, a deixar a Casa Civil, de onde seus familiares faziam negócios duvidosos. Mas nada como a do mensalão. Seu momento mais delicado foi na crise financeira de 2008, em que num primeiro instante desdenhou: disse que chegaria ao Brasil como "marolinha" e que antigamente os países desenvolvidos espirravam e o Brasil ficava doente, mas agora dizia "saúde". Acontece que o Brasil teve baque nada saudável, com dois trimestres de crescimento negativo (ao contrário de diversos outros emergentes), o último de 2008 e o primeiro de 2009. Mas o governo agiu: reduziu impostos para setores que geram emprego e consumo como os de automóveis e eletrodomésticos, ampliou os gatos públicos e foi obrigado a desistir de fazer renascer a CPMF, derrubada em dezembro de 2007. Com isso e com a sorte de a eleição não ser naquele ano, a crise não durou, e o governo pôde brandir 7% de crescimento em 2010, índice distorcido porque baseado no decrescimento do ano anterior.

Com a taxa de desemprego entre 6% e 7%, a mais baixa em muitos anos, e uma conjuntura internacional positiva para quem vende *commodities* como ferro, soja e carne, Lula tinha boas chances de fazer o sucessor. No caso, foi uma sucessora. Depois que Dirceu e Palocci perderam credibilidade, Lula mais do que depressa viu nessa burocrata do setor energético, que havia sido guerrilheira e torturada no regime militar, de passado brizolista e não petista, a combinação ideal para ganhar a eleição de 2010. Tinha uma novidade histórica – é mulher – e uma vantagem sobre Lula, a aptidão administrativa. Além disso, era identificada com o segundo mandato e seus bons índices econômicos. Já em fevereiro de 2007, como ministra da Casa Civil, foi escalada para visitar no Rio as obras dos Jogos Pan-americanos, em vez dos ministros do Planejamento, da Fazenda, das Cidades ou dos Esportes. A oposição demorou a perceber que Lula já sabia o que queria. Assim como Geraldo Alckmin em 2006, Serra perdeu com folga no segundo turno. Embalada pela popularidade de mais de 80% de Lula, Dilma nem precisou do jogo de cintura político para convencer e vencer.

Ao fim de dois mandatos, Lula saiu com imagem muito positiva, ainda que na política externa a tenha comprometido com apoio a ditadores (Fidel, Kadafi, Ahmadinejad) ou ensaios de censura (como a tentativa de extraditar um correspondente do *The New York Times* que se referiu a seu gosto por cachaça). Mas nem tudo foi como queria antes de mudar de rumo e ganhar a eleição de 2002. A semelhança entre seu governo e o anterior, sobretudo na política econômica, mas também na aliança com os mais atrasados representantes do poder (como José Sarney, Renan Calheiros e até Fernando Collor), não pode ser negada; as revelações de corrupção mudaram o *status* do PT para sempre; o excesso e as bravatas de seus discursos autoelogiosos reforçaram a noção de um sujeito avesso à gestão; e uma série de problemas que persistem no Brasil, pois exigiriam um governo mais reformista e menos conservador, é muito clara também. De qualquer forma, ele marcou uma etapa na história moderna do Brasil, e todos os políticos tiveram de aprender com ele, para o mal ou para o bem.

DE 2001 A 2010 O BRASIL TESTEMUNHOU diversos casos de corrupção. Outros países também, até os mais desenvolvidos. Nos EUA, por exemplo, já em 2001 houve o caso Enron, uma companhia energética que fraudou dados fiscais e contábeis e entrou em concordata em dezembro daquele ano, levando consigo a firma de auditoria, Arthur Andersen. Na Inglaterra, em 2009, foi descoberta no Parlamento uma série de desvios de dinheiro público para fins particulares. Em ambos os casos, os responsáveis foram punidos, e os valores, ressarcidos. No Brasil, é comum ouvir, de políticos como Ibsen Pinheiro, que "corrupção existe em todo lugar". Mas impunidade, não – ao menos não no mesmo grau.

Assim, é impossível narrar a história política do Brasil na década sem mencionar os principais escândalos no mau uso do dinheiro e da confiança do público. Já no final de abril de 2001, por exemplo, houve o caso da violação do painel de votação do Senado por parte dos parlamentares José Roberto Arruda e Antonio Carlos Magalhães, que queriam monitorar os votos dos colegas na sessão em que Luiz Estevão foi cassado. Esse mesmo Arruda veria seu nome envolvido em escândalo no final de novembro de 2009, em que apareceu recebendo dinheiro como governador do Distrito Federal e alegou que era para comprar "panetones aos pobres".

Em setembro do mesmo ano, o prefeito de Campinas, conhecido como Toninho do PT, foi assassinado dentro de seu carro; a suspeita é de retaliação de pessoas envolvidas em esquema de corrupção. No mês seguinte, o senador Jader Barbalho renunciou ao mandato depois de diversas acusações sobre desvio de verbas públicas para propriedades suas e de sua mulher. Em janeiro de 2002, outro prefeito do PT foi assassinado: Celso Daniel, de Santo André. Novamente as acusações recaem sobre esquemas em conflito, mas o caso segue sem solução.

Em janeiro de 2004, estoura um caso que teria muitas consequências: descobre-se que Waldomiro Diniz, ex-assessor do ministro da Casa Civil, José Dirceu, tem envolvimento com a máfia dos jogos de azar. Mas é em 2005 que o assunto corrupção vai ocupar mais espaço na mídia. Em maio, o diretor dos Correios, Maurício Marinho, é flagrado em vídeo recebendo propina. Em junho, é a vez do deputado Roberto Jefferson, do PTB, apontar a existência de depósitos feitos para políticos da base aliada por meio de bancos como BMG e Rural, os quais batiza de "mensalão", que o PT articularia para garantir votações no Congresso. Extratos dos depósitos confirmaram a afirmação, envolvendo petistas respeitados como João Paulo Cunha e Luiz Gushiken. Um esquema ligando o tesoureiro do partido do governo e da campanha de Lula, Delúbio Soares, ao empresário Marcos Valério, no que foi chamado de "valerioduto", também foi noticiado, embora parte das provas tenha sido queimada. Pouco depois, revela-se que a maioria dos negócios de Valério envolvia licitações para serviços públicos, alguns dos quais nem sequer executados, como a limpeza do Congresso. E que a fonte do mensalão eram empresas estatais, como a Visanet, do Banco do Brasil, no qual atuava Henrique Pizzolato. Todos foram acusados de crimes de corrupção passiva e peculato.

O escândalo derrubou José Dirceu – citado por Jefferson, que pediu "Sai daí, Zé" – e atingiu a cúpula administrativa do PT. Delúbio Soares alegou que os empréstimos negociados com Valério, de mais de R$ 4 milhões, eram apenas "dinheiro não contabilizado" (caixa 2) referente a doações de campanha, e não dinheiro público. O secretário-geral, Silvio Pereira, que recebeu um carro Land Rover de um fornecedor da Petrobras, também negou a origem dos recursos. Em 8 de julho, no ápice do escândalo, o irmão do presidente do partido, José Genoino, foi detido no aeroporto de Congonhas em São Paulo com R$ 200 mil numa valise e R$ 100 mil dentro da cueca. A origem tampouco foi explicada. No dia 1º de agosto, o presidente do Partido Liberal, Waldemar da Costa Neto, do mesmo partido do vice José Alencar, se viu obrigado a renunciar ao cargo de deputado federal depois de confessar ter recebido dinheiro do PT para supostamente quitar dívidas de campanha. Culminando a sequência, dez dias depois, o publicitário Duda Mendonça contou que recebeu seu pagamento por meio de caixa 2, em empresas *offshore* (paraísos fiscais).

Em março de 2006, um escândalo atinge o ministro da Fazenda, Antonio Palocci, que já respondia a processos do período em que foi prefeito de Ribeirão Preto. O caseiro de uma mansão em Brasília, Francenildo Costa, informou que o ministro e outras pessoas costumavam ir ali, para negociações, e no dia seguinte seu sigilo bancário foi violado. Palocci negou ter ordenado a quebra do sigilo, mas foi obrigado a deixar o cargo. O caso foi especialmente forte do ponto de vista simbólico, porque se tratou de um modestíssimo trabalhador ferido em um direito essencial.

Os casos em 2007 também foram ruidosos. No final de maio, o senador Renan Calheiros (PMDB) foi acusado de ter despesas pessoais – como a pensão da jornalista Monica Veloso, mãe de seu filho – pagas por um lobista da empreiteira Mendes Júnior, de nome Claudio Gontijo. Calheiros foi à mesa da presidência do Senado negar as acusações e mostrou supostas notas que comprovariam a origem do dinheiro, mas a imprensa revelou que eram notas frias, de empresas inexistentes nos endereços constantes. Em junho do mesmo ano, uma gravação mostrou o irmão do presidente Lula, Vavá, negociando propinas. "Arruma dois paus pra eu", dizia ele numa das conversas. Ele foi indiciado por lobby ilegal.

O último grande escândalo de corrupção dos anos Lula foi em setembro de 2010, quando se mostrou o esquema de tráfico de influência montado pela ministra Erenice Guerra nos negócios da Casa Civil. Erenice, que precisou deixar o cargo, havia sido assessora e é amiga de Dilma Rousseff.

A PRIMEIRA DÉCADA FOI MUITO positiva para o Brasil em termos de imagem internacional, estabilidade econômica e avanços sociais, tanto que foi escolhido para sediar a Copa do Mundo de 2014 e a Olimpíada de 2016 e recebeu cada vez mais investimentos estrangeiros e elogios, como a capa da revista *The Economist*, no fim de 2009, dizendo "Brasil decola". A descoberta do petróleo na camada pré-sal, a produção agrícola e o consumo crescente fizeram do país um polo de atração econômica. Mas muitos outros resultados não foram na mesma linha e mostraram que há muitos desafios que às vezes são menosprezados pelo tom patriótico.

Na própria economia, é preciso notar que não foi apenas o Brasil que "decolou" no período, pois muitos países como China, Índia, Rússia e México também voaram para melhores patamares de crescimento e consumo. Além disso, o fato de ser a nona economia do mundo, com perspectiva de ser a quinta em duas décadas, é importante, mas não expressa o grau de desenvolvimento humano, ou seja, os benefícios sociais que esse crescimento confere à maioria dos habitantes. O país está em 73º no ranking do IDH por problemas em saúde (mortalidade infantil, expectativa de vida), renda (com muita desigualdade), saneamento (com quase metade da população sem acesso a redes de esgoto) e educação (analfabetismo de cerca de 10% dos habitantes).

Outros rankings econômicos que mostram a distância entre o Brasil e os países desenvolvidos, distância maior do que os políticos costumam reconhecer, são os de liberdade (82º) e competitividade (58º). Com a maior carga tributária das Américas, em cerca de 37% – bem acima dos três países mais ricos do mundo (EUA, China e Japão) e próxima dos escandinavos, onde educação e saúde são gratuitas –, o governo brasileiro dificulta a produção privada e o consumo das famílias, que dariam ritmo maior ao crescimento. Há muita burocracia para abrir e fechar empresas; os salários custam o dobro para o empregador por causa dos impostos e das contribuições; há pouco incentivo à inovação e à pesquisa. Tudo isso desestimula o empreendedorismo e dá espaço para artimanhas e sonegações. Deixa os produtos mais caros e torna difícil competir com os importados, como os que vêm da China, onde não só a mão de obra é mais barata, mas também há mais incentivos fiscais.

Some a essa falta de liberdade a falta de infraestrutura adequada. Apesar de programas como o PAC, que cumpriu uma pequena parte dos investimentos planejados em estradas, ferrovias, portos, aeroportos e hidrelétricas, os sistemas brasileiros estão saturados, com enormes carências para atender à demanda crescente – e que tende a crescer ainda mais com a realização dos grandes eventos esportivos. Essa infraestrutura precária implica gastos muito maiores com transporte, logística e armazenagem para empresas exportadoras, por exemplo, e com a alta taxa de impostos configura o chamado "Custo Brasil", em que uma fruta sai do sertão baiano por um preço e chega ao porto custando o dobro. Ganhos conquistados com as pesquisas da Embrapa, que ensina o agricultor a plantar e se associar de forma mais produtiva, terminam anulados.

Os problemas da educação são igualmente graves e, embora muitos se esqueçam de observar, também estão relacionados com a perda de produtividade. O Brasil gerou mais de 10 milhões de vagas formais na última década, mas os trabalhos qualificados representam uma parcela ínfima. Há carência de engenheiros, programadores, técnicos. Houve melhora na frequência de autores brasileiros em revistas científicas, mas o investimento em pesquisa e desenvolvimento mal chega a 1% do PIB, e as universidades obtêm poucos prêmios e patentes quando comparadas às estrangeiras. Na educação básica, os avanços no número de matrículas não significaram melhora no conteúdo, e o grande gargalo do sistema continua a ser a alta taxa de abandono no ensino médio. Em exames como o Pisa (Programa Internacional de Avaliação de Alunos), os brasileiros mostram pouco domínio de interpretação de texto e de conceitos básicos da matemática. De 2000 a 2009, o Brasil melhorou apenas em 4% suas notas.

Há ainda a questão de sistemas como o político e o judiciário, que mantêm privilégios e ficam distantes das demandas dos cidadãos. Durante toda a década se falou em fazer uma reforma política no Brasil, mas ela não foi feita. O número de partidos só aumentou, assim como a falta de identidade, de programas específicos para resolver os problemas nacionais. Há muita desproporção no peso dos votos, favorecendo oligarquias locais, e há muitas formas para que os políticos escapem das punições, como a imunidade parlamentar. Quanto à Justiça, o próprio CNJ (Conselho Nacional de Justiça) mostrou que as metas não são atingidas, e a cada ano se acumula mais de 1 milhão de processos sem análise nos tribunais brasileiros. É uma Justiça cara, lenta e burocrática.

Para crescer num ritmo mais acelerado que não gere inflação, que aumente proporcionalmente a renda *per capita* e que combata mazelas regionais de modo mais eficiente (levando, por exemplo, água, esgoto e alfabetização para o interior de estados como Maranhão, Alagoas e Pará), há muito ainda por fazer. Em cerca de 25 anos, a Coreia do Sul conseguiu sair de um estágio parecido e se aproximar bastante do padrão desenvolvido, graças a investimentos em educação e tecnologia. No Brasil, país mais complexo já por suas dimensões territoriais, a mudança de padrão é urgente.

2001

SETEMBRO

11

Dois aviões de passageiros tomados por terroristas derrubam as torres gêmeas do World Trade Center, em Nova York. Nos arredores de Washington, outra aeronave sequestrada despenca sobre o Pentágono, sede do poder militar americano. Também rendido, um quarto avião se espatifa perto de Pittsburgh depois que os passageiros enfrentaram os sequestradores. Reivindicados pela rede Al Qaeda, os atentados tiram a vida de cerca de 3 mil pessoas.

OUTUBRO

7

Com a meta de capturar o saudita Osama Bin Laden, apontado como o autor dos atentados de 11 de setembro, o exército dos Estados Unidos ataca o Afeganistão, país no qual o terrorista e outros militantes da rede Al Qaeda se aninham.

2002

FEVEREIRO

23

Ingrid Betancourt, candidata à Presidência da Colômbia, e sua chefe de campanha, Clara Rojas, são sequestradas no país pelas Farc (Forças Armadas Revolucionárias da Colômbia).

AGOSTO

19

O terrorista Abu Nidal, um dos mais procurados do mundo, é encontrado morto em Bagdá, no Iraque.

OUTUBRO

12

Duas bombas acionadas por terroristas islâmicos tiram a vida de 200 turistas em Bali, na Indonésia.

23

Cerca de 50 terroristas chechenos invadem o teatro do Palácio da Cultura, em Moscou. Durante o confronto, 150 pessoas inocentes morrem.

2003

MARÇO

20

Os Estados Unidos invadem o Iraque.

JULHO

18

Consultor do Departamento de Defesa da Inglaterra, o cientista inglês David Kelly comete suicídio após ter sido apontado como a fonte de uma reportagem da rede BBC que afirmava que o governo havia exagerado ao afirmar a existência de armas de destruição em massa no Iraque.

AGOSTO

19

Um caminhão-bomba destrói a sede da Organização das Nações Unidas (ONU) em Bagdá, matando o diplomata brasileiro Sérgio Vieira de Mello e outras 16 pessoas.

NOVEMBRO

15

Terroristas suicidas detonam bombas diante de duas sinagogas em Istambul, na Turquia, matando mais de 20 pessoas.

20

Carros-bomba estraçalham a agência central do banco HSBC em Istambul, na Turquia, e uma explosão destrói parte do prédio do consulado inglês na cidade. No total, 27 pessoas perdem a vida.

DEZEMBRO

13

Saddam Hussein é encontrado pelas tropas americanas num buraco em Tikrit, no Iraque, sua cidade natal.

2004

MARÇO

11

Dez bombas explodem em trens de Madri, matando quase 200 pessoas e deixando outras 1 500 feridas. A autoria do atentado é assumida por uma célula local da rede Al Qaeda.

ABRIL

28

A rede de televisão americana CBS exibe imagens de iraquianos sendo torturados por soldados dos Estados Unidos na prisão de Abu Ghraib, próxima a Bagdá.

SETEMBRO

1º

Terroristas chechenos invadem uma escola em Beslan, no interior da Rússia, e fazem mais de mil reféns durante três dias. Cerca de 200 pessoas são assassinadas, a maioria delas crianças.

OUTUBRO

9

O Afeganistão realiza a primeira eleição presidencial de sua história, vencida por Hamid Karzai, que já estava no posto interinamente desde os ataques dos Estados Unidos ao país.

2005

FEVEREIRO

14

Ex-premiê do Líbano e um dos políticos mais populares do país, Rafik Hariri morre em um atentado com um carro-bomba.

JULHO

7

Quatro explosões destroem um ônibus e três vagões do metrô de Londres, matando 50 pessoas e deixando mais de 700 feridos.

22

Confundido com um terrorista, o mineiro Jean Charles de Menezes é executado a tiros por policiais ingleses numa estação do metrô de Londres.

AGOSTO

15

O exército e os colonos israelenses começam a desocupar a Faixa de Gaza, território palestino ocupado por eles desde 1967.

2006

MAIO

12

A facção criminosa autointitulada PCC (Primeiro Comando da Capital) inicia uma onda de ataques no estado de São Paulo que resulta na morte de mais de cem pessoas.

JUNHO

8

O terrorista jordaniano Abu Musab al--Zarqawi, o segundo mais procurado depois de Osama Bin Laden, morre em um ataque aéreo americano, no Iraque.

12

Militantes libaneses do Hezbollah atravessam a fronteira com Israel, matam oito soldados e sequestram outros dois. Em retaliação, Israel bombardeia o sul do Líbano.

DEZEMBRO

28

Um ônibus com 28 passageiros, que fazia a rota Espírito Santo–São Paulo, é interceptado e queimado por traficantes na Avenida Brasil, no Rio de Janeiro. Sete passageiros morrem carbonizados.

2007

DEZEMBRO

27

Após participar de um comício em Rawalpindi, no Paquistão, a ex-primeira-ministra do país Benazir Bhutto é baleada por um desconhecido, que em seguida detona uma bomba, matando a si próprio e outras 20 pessoas.

2008

JULHO

2

Ex-candidata à Presidência da Colômbia, Ingrid Betancourt é resgatada pelo exército na selva do país após passar seis anos nas mãos das Farc.

2009

OUTUBRO

17

Um helicóptero da Polícia Militar é abatido por traficantes enquanto sobrevoa morros cariocas. Apenas três dos seis passageiros sobrevivem.

2010

MARÇO

29

Duas terroristas suicidas se explodem em estações do metrô de Moscou, na Rússia, matando cerca de 40 pessoas e ferindo outras 60. A autoria do atentado é assumida por rebeldes chechenos.

Weinstein Company/Everett Collection/Keystone

2 / CULTURA & COMPORTAMENTO

ALGUMAS ARTES, COMO AS ATIVIDADES criativas em geral, e as ciências foram sensivelmente transformadas pelos avanços tecnológicos dos últimos dez anos; por exemplo, a arquitetura e, sem dúvida alguma, o cinema. Dependente de máquinas por definição, o cinema sempre teve estreita relação com a tecnologia. Muitos dos maiores cineastas da história, como Orson Welles e Alfred Hitchcock, contaram com recursos então recentes (como o foco profundo e o *technicolor*, respectivamente) para atingir seus objetivos estéticos. É claro que em muitos casos os "efeitos especiais" são usados apenas para impressionar ou enfeitar, sem a mesma fusão de forma e conteúdo; mas não se separam absolutamente as grandes inovações na linguagem e as ferramentas tecnológicas criadas para o cinema. E de 2001 a 2010 houve uma série de filmes que buscaram fundi-las.

Sem os recursos digitais, filmes como *Cidade dos Sonhos* (2001) e *Império dos Sonhos* (2007), de David Lynch, não teriam sido feitos. O segundo beira o hermético, cheio de referências a religiões orientais, mas o primeiro atinge o equilíbrio entre a montagem quebra-cabeça e a projeção emocional, com a história de uma jovem em Hollywood (Naomi Watts) que acolhe uma mulher que perdeu a memória após um acidente (Laura Harring). O enredo vai misturando identidades e deixando o espectador em dúvida sobre o que é vigília e o que é sonho, sem abandonar a trama em que a atriz loira quer se vingar da morena e sem abandonar o tema da fama como parceira da paranoia.

A dissociação entre memória e identidade tem sido uma constante nos filmes deste início de século. Em *Brilho Eterno de uma Mente sem Lembranças* (2004), de Michael Gondry, os personagens de Kate Winslet e Jim Carrey recorrem aos serviços de uma empresa chamada Lacuna para apagar determinadas memórias, e os imprevistos do processo levam ambos a temer a perda de identidade e, claro, o vínculo amoroso. O francês Gondry e o roteirista Charlie Kaufman fizeram, juntos ou separados, outros filmes com abordagem semelhante.

Outro cineasta profundamente preocupado com as questões da memória, mas observada por ângulo muito distinto, é o alemão Michael Haneke, diretor de *Caché* (2005) e *A Fita Branca* (2009), entre outros filmes polêmicos e premiados. Em *Caché*, nome do dispositivo de memória temporária dos computadores, um apresentador de TV é assombrado pelo roubo de vídeos privados e por um amigo de infância que sabe um segredo que pode afetar sua reputação ao revelar intolerância étnica. Em *A Fita Branca*, uma aldeia no norte da Alemanha presencia uma série de crimes às vésperas da Primeira Guerra Mundial. Comandada com rigores pseudopuritanos por um padre e um barão, ela se torna símbolo da cultura tirânica que dominaria o país.

Mais radical ainda é Lars Von Trier, cineasta dinamarquês, autor de filmes como *Dogville* (2003) e *Anticristo* (2009), também carregados de um tom fabular apocalíptico, bastante calcado na psicanálise. *Dogville* fala

Vencedores do Oscar de Melhor Filme:

2001 – *Gladiador* (*Gladiator*, de Ridley Scott)

2002 - *Uma Mente Brilhante* (*A Beautiful Mind*, de Ron Howard)

2003 – *Chicago* (*Chicago*, Rob Marshall)

2004 – *O Senhor dos Anéis: o Retorno do Rei* (*The Lord of The Rings: The Return of the King*, de Peter Jackson)

2005 – *Menina de Ouro* (*Million Dolar Baby*, de Clint Eastwood)

2006 – *Crash – no Limite* (*Crash*, de Paul Haggis)

2007 – *Os Infiltrados* (*The Departed*, de Martin Scorsese)

2008 – *Onde os Fracos Não Têm Vez* (*No Country for Old Men*, de Ethan Coen e Joel Coen)

2009 – *Quem Quer Ser um Milionário* (*Slumdog Millionaire*, de Danny Boyle)

2010 – *Guerra ao Terror* (*The Hurt Locker*, de Kathryn Bigelow)

Vencedores da Palma de Ouro no Festival de Cannes:

2001 – *O quarto do filho* (de Nanny Moretti)

2002 – *O Pianista* (de Roman Polanski)

2003 – *Elefante* (de Gus Van Sant)

2004 – *Fahrenheit 11 de Setembro* (de Michael Moore)

2005 – *A Criança* (de Jean-Pierre Dardenne e Luc Dardenne)

2006 – *Ventos da Liberdade* (de Ken Loach)

2007 – *4 Meses, 3 Semanas e 2 Dias* (de Cristian Mungiu)

2008 – *Entre os Muros da Escola* (de Laurente Cantet)

2009 – *A Fita Branca* (de Michael Haneke)

2010 – *Tio Boonmee, que pode recordar suas vidas passadas* (de Apichatpong Weerasethakul)

igualmente sobre comunidades puritanas e se destaca pela cenografia – que lembra o Teatro do Absurdo –, na qual as ruas e as casas são desenhadas no chão, sem paredes nem tetos, como se todos se vigiassem o tempo todo. Nicole Kidman procura refúgio numa cidadezinha durante a Depressão americana e é escravizada e abusada pelos habitantes do lugar. Já em *Anticristo* é a mulher (Charlotte Gainsbourg) que se revolta com a morte do filho e a arrogância do marido (Willem Dafoe) e, isolados num bosque sinistro, ela o ataca e ataca a si mesma, em cenas que remetem ao Grand Guignol.

Os irmãos Coen – Joel e Ethan – têm mantido uma frequência consistente de filmes de qualidade. Seu maior sucesso na década, em termos de premiação e audiência, foi *Onde os Fracos não Têm Vez* (2007), baseado em livro de Cormac McCarthy. No filme, Javier Bardem faz um psicopata no Meio-Oeste americano, um anticristo pistoleiro que encarna outra vez esse tema tão presente no cinema dos últimos anos: o mal, a crueldade, a desumanidade.

Da mesma geração dos Coen, Gus Van Sant também faz filmes de gêneros variados, mas o mais discutido deles no período foi *Elefante* (2003), retrato de um colégio americano onde dois alunos chacinam colegas e professores, como no caso real de Columbine. A narrativa fragmentada confere vitalidade à película.

Único mesmo é o estilo de Quentin Tarantino, que se destacou com os dois "volumes" de *Kill Bill* (2003 e 2004), nos quais apresenta uma releitura dos filmes de artes marciais, tendo Uma Thurman como protagonista; e, sobretudo, com *Bastardos Inglórios* (2009), no qual faz uma colagem de alusões a *westerns* e filmes de guerra para responder à crítica de que filmes violentos incitam a violência – com uma sátira do nazismo no personagem de Christoph Waltz, que não sabe rir de si mesmo.

Mesmo cineastas mais relacionados com o enredo naturalista fizeram filmes em que as fronteiras entre o real e o imaginário se diluem na memória, valendo-se de um trabalho de edição que a tecnologia atual permite com mais apuro. Martin Scorsese, por exemplo, depois de ter feito os grandiloquentes *Gangues de Nova York* (2002) e *O Aviador* (2004) e de ter voltado ao tema policial em *Os Infiltrados* (2006), fez *A Ilha do Medo* (2010), baseado em livro de Dennis Lehane, que traz o relato freudiano de um policial que investiga um crime num hospício, no qual ora parece já ser, ora parece se tornar mais um paciente, entre delírios repletos de simbolismos. O mesmo vale para Roman Polanski, que, depois do grande filme *O Pianista* (2002), sobre um sobrevivente do Holocausto, fez, entre outros, *O Escritor Fantasma* (2010), sobre um homem que é levado a uma ilha para escrever as memórias de um ex-premiê britânico e se vê numa série de situações que não são exatamente o que parecem ser.

Dennis Lehane também é autor do livro que outro grande cineasta, Clint Eastwood, adaptou: *Sobre Meninos e Lobos* (2003), que conta a história de três amigos de infância – um deles abusado sexualmente – que se reencontram sob o peso de uma nova tragédia. Eastwood tem feito filmes de alto nível, numa sequência impressionante que vem desde *Bird* (1989) e faz dele um sucessor de John Ford como contador de histórias. Depois de *Sobre Meninos e Lobos*, fez ainda *Menina de Ouro* (2004), sobre uma boxeadora que deseja a eutanásia; o díptico *Cartas de Iwo Jima* (2006), que conta os mesmos fatos da Segunda Guerra de acordo com as versões americana e japonesa; *Gran Torino* (2008), sobre um veterano que aprende tragicamente a convivência entre raças; *Invictus* (2009), que dramatiza a lendária partida de *rugby* que uniu a África do Sul durante a presidência de Nelson Mandela, logo após o fim do *apartheid*; e *Além da Vida* (2010), sobre pessoas à beira da morte.

Desses mestres contemporâneos, alguns continuaram muito ativos, como o americano Woody Allen, com média de um longa a cada ano, mas apenas em *Match Point* (2005) e em algumas cenas de *Vicky Cristina Barcelona* (2008) demonstrando o mesmo talento de antes. Já o italiano Bernardo Bertolucci só dirigiu um filme no século XXI, mas foi um belo filme: *Os Sonhadores* (2003), em que revisita com afeto e ironia o clima juvenil de maio de 1968. Quem continuou produtivo e original foi o espanhol Pedro Almodóvar, que fez no período quatro filmes marcantes: *Fale com Ela* (2002), em que um enfermeiro se apaixona pela paciente em coma; *Má-Educação* (2004), sobre o amor proibido de dois meninos seminaristas; *Volver* (2006), em que a personagem de Penélope Cruz volta à cidade natal e encontra o fantasma da mãe; e *Abraços Partidos* (2009), trama hitchcokiana sobre uma atriz casada com um milionário, mas apaixonada pelo diretor.

Na França, Alain Resnais manteve o alto padrão com filmes como *Medos Privados em Lugares Públicos* (2007); e Denys Arcand reviveu seu melhor momento com *Invasões Bárbaras* (2003). O pintor Julian Schnabel mostrou o melhor de sua criatividade plástica em *O Escafandro e a Borboleta*

(2008). Na América Latina, Brasil à parte, o cinema mostrou uma maturidade que o argentino *O Segredo dos Seus Olhos* (2010), de Juan José Campanella, simboliza como nenhum outro: o filme combina leveza e densidade, mistura gêneros sem que o roteiro perca a consistência, tem cenas antológicas, como a da perseguição no estádio, seguida do interrogatório no fórum. O filme é uma associação com a Espanha, confirmando outra tendência: o aumento das coproduções.

Outra marca do período foi a presença de cineastas chineses, como Ang Lee, que se radicou em Hollywood e fez, entre outros, *O Segredo de Brokeback Mountain* (2005), sobre a paixão entre dois homens no faroeste; e Wong Kar-Wai, radicado em Hong Kong e aclamado por *2046* (2004), filme que mistura idiomas e usa a ficção científica para falar dos anos de 1960. Já o talentoso Zhang Yimou dirige e produz filmes em seu país natal, como a trilogia kung fu que une *Herói* (2002), *O Clã das Adagas Voadoras* (2004) e *A Maldição da Flor Dourada* (2006), recriando lendas de lutadores andarilhos com efeitos especiais coloridos e plasticidade. Tais acrobacias não teriam o mesmo resultado visual décadas atrás.

A DÉCADA TEVE TAMBÉM DUAS tendências aparentemente divergentes: as grandes bilheterias foram, em geral, das fantasias infantojuvenis; e os documentários ocuparam espaço inédito nas salas de cinema. O escapismo e o jornalismo, porém, parecem ter sido impulsionados por acontecimentos históricos, como os atentados de 11 de setembro de 2001, que remeteram muitas pessoas a filmes-catástrofe e a algumas profecias sobre o cenário preferido deles, Nova York, onde se criaram tantos super-heróis. Até um poema de Carlos Drummond de Andrade, de 1938, foi invocado por seu verso: "Porque não podes, sozinho, dinamitar a ilha de Manhattan".

Mas vieram dos britânicos algumas das fantasias mais poderosas da década. A série *Harry Potter*, adaptada dos livros de J. K. Rowling, teve sete filmes (de um total de oito) exibidos de 2001 a 2010, com média de US$ 900 milhões de faturamento cada um no mundo todo. Teve quatro diretores diferentes: o mais presente foi David Yates (que filmou o sétimo livro em duas partes), e o mais conhecido, Mike Newell (que fez o quarto filme, *Harry Potter e o Cálice de Fogo*). Assim como os livros, os longas viraram mania entre adolescentes e transformaram seus atores em celebridades. A fusão de ambiente escolar, truques de feitiçaria e lendas mitológicas caiu no gosto geral, condensada por uma tecnologia de alto padrão, responsável por cenas como as do "quadribol", uma espécie de *rugby* sobre vassouras voadoras.

Outra série escrita por um autor britânico, J. R. R. Tolkien, mas filmada com dinheiro dos EUA em locações na Nova Zelândia, terra natal do diretor de origem inglesa Peter Jackson, foi a trilogia *Senhor dos Anéis*, que ao todo faturou US$ 2,4 bilhões entre 2001 e 2003. Os livros de Tolkien são clássicos infantojuvenis que, ao mesmo tempo, são estudados em universidades por sua originalidade na recriação de mitos medievais nórdicos, como elfos, anões e *hobbits*, além da criação de um idioma próprio para eles, a partir do anglo-saxão que o autor ensinava em Oxford nos anos de 1920 a 1940. Fizeram grande sucesso durante a Segunda Guerra Mundial, assim como os filmes exibidos no início do século XXI e premiados com diversas estatuetas do Oscar.

Outro grande sucesso semelhante, mas combinando atores humanos com cinema de animação, foi *Avatar* (2009), de James Cameron, uma fábula ambientalista sobre um soldado que participa da invasão a um planeta mágico, Pandora, e termina mudando de lado ao se apaixonar por uma nativa. Por dupla ironia, o filme perdeu o Oscar para *Guerra ao Terror*, dirigido com extrema perícia pela ex-mulher de Cameron, Kathryn Bigelow, sobre um tema para lá de realista: os soldados que se viciam em guerra, no caso a do Iraque. *Avatar*, ainda assim, é um marco na consolidação de uma tecnologia que havia décadas o cinema tentava massificar: o 3D. Aprimorada, ela se tornou amplamente aceita, gerou mais e mais filmes e até televisores passaram a trazê-la. Nas salas de cinema brasileiras, os filmes em 3D já representam 23% do faturamento do mercado.

Muitas animações do período saíram com versão em 3D. No gênero, a produtora que mais chamou a atenção foi a Pixar. Batizada em 1986 por Steve Jobs, da Apple, ela investiu alto em computação gráfica para criar histórias que rapidamente se tornaram clássicos infantis, sobretudo a partir de *Toy Story*, em 1995. No século XXI, entre outros de nível sempre muito consistente, fizeram *Monstros S.A.* (2001), *Procurando Nemo* (2003), *Os Incríveis* (2004), *Carros* (2006) – ano em que foi adquirida pela Walt Disney por US$ 7,4 bilhões –, *Ratatouille* (2007) e *Wall-E* (2008), todos muito premiados. Em 2009, lançaram *Up*, com destaque para a versão em 3D, e conseguiram a primeira nomeação da história do Oscar de uma animação para a categoria Melhor Filme.

O único concorrente à altura foi a DreamWorks, cofundada por Steven Spielberg, que lançou em 2001, com enorme sucesso, *Shrek*, seguido de três sequências. A empresa fez ainda sucessos como *Kung Fu Panda* (2008) e *Como Treinar seu Dragão* (2010). Outra produtora, a Blue Sky Studios, brilhou com a trilogia de rica imaginação *A Era do Gelo* (2002, 2006 e 2009). Outro bom filme é *Coraline* (2009), de Henry Selick, baseado num romance do britânico Neil Gaiman, uma história à la *Alice no País das Maravilhas*, em que a menina atravessa para um mundo paralelo, o qual é apenas inicialmente semelhante a seu sonho de ter pais mais atenciosos.

São todos filmes que mesclam humor, ação e lirismo, sem as mensagens moralistas do cinema infantil de antigamente (embora também sem as passagens dramáticas e as pequenas subversões dos clássicos de Disney, como *Bambi*, *Pinóquio*, *Branca de Neve* ou *Dumbo*), mas com grande eficiência narrativa e, sim, convites à reflexão.

Em outra vertente, que mistura o surreal e o filosófico, estão os filmes, também muito premiados, do japonês Hayao Miyazaki, em especial

Viagem de Chihiro (2001) e *Ponyo* (2009), executados com recursos tecnológicos de ponta, mas dotados de um caráter artesanal, à moda antiga. Na França, o destaque absoluto foi para *As Bicicletas de Belleville* (2003), de Sylvain Chomet, que também tem pitadas surreais e acabamento pictórico.

Por falar em *Alice* e recursos tecnológicos, um nome que se impõe no campo dos filmes de fantasia é o do americano Tim Burton. Ele fez animações de alta qualidade como *A Noiva Cadáver* (2005) e refilmou o clássico infantil *A Fantástica Fábrica de Chocolate* (também de 2005). Quando se anunciou para 2010 o lançamento de *Alice*, versão em 3D dos livros de Lewis Carroll, com os habituais Johnny Depp e Helena Bonham Carter no elenco, houve grande expectativa: parecia a combinação perfeita de estilos e temas. Apesar do refinamento visual, o filme foi muito discutido; muitos críticos e espectadores sentiram falta da leveza e da doce irresponsabilidade de Carroll.

Burton, por sinal, nos anos de 1990, em Hollywood, também filmou histórias de super-heróis como Batman. Essa foi outra tendência que cresceu no início do século, sempre na forma de filmes seriados. *Batman* voltou a ser filmado por Christopher Nolan (2005 e 2008), Sam Raimi estourou a bilheteria com *Homem-Aranha* (2002, 2004 e 2010), Jon Favreau investiu no *Homem de Ferro* (2008 e 2010); e houve ainda *Super-Homem*, *Hulk*, etc. Uma característica comum, além dos efeitos especiais e do cenário nova-iorquino, é a tentativa de adensar o lado sombrio e atormentado do herói.

A ONDA DOS DOCUMENTÁRIOS, EMBORA não tenha chegado de modo algum a preocupar comercialmente o domínio dos filmes de fantasia, também foi bastante forte em termos culturais. Com incentivo das TVs a cabo, da internet e de novas tecnologias em câmeras e softwares, que baratearam muito seus custos, o gênero abriu espaço inédito nos cinemas e ganhou poder de influência – tanto que muitos filmes de ficção recorreram a ritmos e abordagens normalmente encontrados em documentários, como no citado *Guerra ao Terror*, com sua câmera tremida e sua fotografia granulada; ou usaram atores para interpretar papéis reais, como o do professor em *Entre os Muros da Escola* (2004), de Laurent Cantet, sobre a educação em tempos multiculturais. A maior marca dessa tendência, exibida tanto no cinema quanto na TV, foi a diversidade de temas, estilos e objetivos.

Os documentários culturais, por exemplo, tiveram presença marcante num território antes mais ocupado por retratos sociais e denúncias políticas. A história da música tem sido contada como nunca antes. O crítico Ken Burns fez uma série admirável, *Jazz* (2001); e o consagrado Martin Scorsese alinhou documentários sobre Bob Dylan (2005) e Rolling Stones (2008) e concebeu e produziu *The blues* (2003), com episódios dirigidos por ele, Clint Eastwood, Wim Wenders, entre outros. Perfis de grandes músicos, afora biografias romanceadas em longas-metragens de ficção ("biopics" de Ray Charles a Cazuza, passando por Edith Piaf), foram frequentes, como nos brasileiros *Nelson Freire* (2003), de João Moreira Salles; o polêmico *Simonal* (2008), de Cláudio Manoel e outros; e *Uma Noite em 67* (2010), de Renato Terra e Ricardo Calil.

Outros perfis foram de cineastas, como *Ingmar Bergman* (2004), de Marie Nyreröd; de arquitetos, como Louis Kahn, em *My Architect* (2003), dirigido por seu filho, Nathaniel Kahn; e de músicos, como Glenn Gould e Jacqueline du Pré. Alguns documentários perpassam áreas criativas diferentes, como outro brasileiro, *Janela da Alma* (2002), de João Jardim e Walter Carvalho, sobre a visão e o olhar, do qual participam o fotógrafo Evgen Bavcar, o escritor José Saramago e o cineasta Wim Wenders; ou *O Equilibrista* (2008), de James Marsh, sobre a façanha do funâmbulo francês Philippe Petit ao atravessar sobre um fio o espaço entre as duas torres do

World Trade Center. Além desses, o longa de João Moreira Salles sobre o filme que pretendia fazer com o mordomo de sua família, *Santiago* (2007), chamou a atenção pela abordagem autocrítica.

Mas, se houve uma área em que os documentários foram mais produzidos, foi na que trata de natureza e ciência. Aparelhados com a mais moderna tecnologia, filmagens do comportamento animal atingiram a qualidade dos longas, com *Migração Alada* (2001), de Jacques Perrin e outros; e *A Marcha dos Pinguins* (2004), de Luc Jacquet; além de séries de TV, como *Vida*, parceria da Discovery com a BBC. O mais comentado documentário ambientalista foi o do ex-vice-presidente dos EUA, Al Gore, *Uma Verdade Inconveniente* (2006), contestado em seu catastrofismo por muitos especialistas. Do outro ângulo, Werner Herzog fez *O Homem Urso*, que conta a história de um defensor dos ursos do Alasca que terminou morto por eles. A gastronomia também apareceu em trabalhos como *Mondovino* (2004), de Jonathan Nossiter, sobre o impacto da globalização em pequenas e antigas vinícolas europeias; e *Super Size Me* (2004), de Morgan Spurlock, que durante um mês só comeu *fast-food*, engordou 11 quilos e apresentou diversos problemas de saúde.

Documentários de cunho político ou sociológico, evidentemente, não faltaram. Um dos nomes mais polêmicos da década é Michael Moore, que, depois de despontar com o descontraído *Roger e Eu*, em 1989, fez filmes como *Tiros em Columbine* (2002) e *Fahrenheit 11 de Setembro* (2004), em que tenta denunciar e constranger os defensores da cultura americana de armas, mas compromete com erros e leviandades amplamente registradas. Naturalmente, os atentados de 11/9/2001 foram assunto de diversas outras produções, como o poderoso *9/11* (2002), de Hanlon, Klug e Naudet. Filmes sobre o passado político dos EUA também chamaram a atenção, como *Sob a Névoa da Guerra* (2004), de Errol Morris, em que o ex-secretário Robert McNamara reconhece os erros no Vietna; e *O Homem mais Perigoso da América* (2009), de Judith Ehrlich e Robert Goldsmith, que narra a história de Daniel Ellsberg, revelando os papéis do Pentágono em que eram mostradas as derrotas do país naquela mesma guerra. Excelente, no entanto, é o documentário *Valsa com Bashir* (2008), de Ari Folman, feito em desenho animado, o qual revê os erros de Israel na Guerra do Líbano.

No Brasil, com a especial exceção de *Entreatos* (2004), de João Moreira Salles, que mostrou a campanha de Luiz Inácio Lula da Silva, revelando detalhes que o tempo deixaria ainda mais significativos, foram raros os documentários políticos. Mas as mazelas sociais foram constantes. Em *Ônibus 174* (2002), José Padilha retratou o caso do sequestro de um ônibus no Rio de Janeiro que teve desfecho trágico após a ação policial. *O Prisioneiro da Grade de Ferro* (2004), de Paulo Sacramento, com imagens filmadas por detentos do Carandiru, e *Serras da Desordem* (2006), de Andrea Tonacci, sobre índios sobreviventes de um massacre, também seguem essa linha. Quem se sobressaiu mais uma vez foi o veterano Eduardo Coutinho, que fez na década ao menos dois documentários memoráveis: *Edifício Master* (2002), que reúne histórias de vida de um tradicional condomínio de Copacabana, e *Jogo de Cena* (2007), que mescla depoimentos reais e interpretados por mulheres que sofreram perdas e, assim, mostra que as confissões autênticas não são tão arrumadas e enfáticas como as fictícias.

O CINEMA BRASILEIRO DE 2001 a 2010 teve muito mais que os fortes documentários musicais, políticos e sociais citados anteriormente. Desde a chamada "retomada", a presença do público se multiplicou nas salas: em 1995, tinha 3,7% do mercado; em 2009, saltou para 14,2%. Ainda é uma participação irregular, pois chegou a 21,4% em 2003, mas caiu para 9,9% em 2008, porém é consistentemente maior que a de antes e derrubou o tabu de que o público não teria interesse pelo cinema nacional.

Esse interesse foi redescoberto e mantido por uma série de filmes de boa qualidade técnica, que fizeram sucesso pela escolha de temas e linguagens, impulsionados por mecanismos de incentivo fiscal – e não simplesmente por cotas ou condescendência. O brasileiro foi ao cinema, sobretudo, para se ver nas telas, para se identificar com a sociedade em que vive.

Nesta década, 21 filmes brasileiros tiveram mais de 2 milhões de espectadores cada um. Um deles, *Tropa de Elite 2*, de José Padilha, embora o Brasil de 2010 tenha o dobro de habitantes do Brasil de 1976, bateu o recorde histórico do filme *Dona Flor e seus Dois Maridos*, de Bruno Barreto, e, com tema bem mais grave, ultrapassou os 11 milhões de espectadores. Os outros quatro filmes mais vistos foram as duas comédias *Se Eu Fosse Você*, de Daniel Filho (a segunda teve mais de 6,1 milhões de espectadores em 2009; a primeira, mais de 3,6 milhões em 2006); o sertanejo *Dois Filhos de Francisco*, de Breno Silveira (com mais de 5,3 milhões em 2005); e o contundente *Carandiru*, de Hector Babenco (com mais de 4,6 milhões em 2003). Ainda são poucos os filmes que concentram a maioria desse público, mas o número de produções por ano tem se mantido acima de 70 desde 2006.

A qualidade também tem sido irregular, mas é inegável que existe um novo e vigoroso cinema brasileiro, até mesmo com cineastas que têm sido contratados para trabalhar no exterior (como Walter Salles e Fernando Meirelles). Novos profissionais e novas carreiras têm se consolidado, dando à indústria do cinema nacional um cuidado maior com os diversos aspectos de um filme, do som à montagem, do roteiro às atuações. Foram-se os tempos em que um cineasta e uma turma de assistentes eram responsáveis por tudo, com resultados técnicos de qualidade duvidosa. Vindos da publicidade e da teledramaturgia, os cineastas mais bem-sucedidos têm agora uma preocupação muito maior com o acabamento e o ritmo; buscam a eficiência narrativa, com agilidade e equilíbrio.

Os melhores filmes brasileiros do período foram, pela ordem cronológica, *Lavoura Arcaica* (2001), de Luiz Fernando Carvalho, adaptação completa da densa novela de Raduan Nassar; *Cidade de Deus* (2002), de Fernando Meirelles, muito influente por seu ritmo de videoclipe para retratar a luta de gangues na favela carioca; e os dois *Tropa de Elite* (2007 e 2010), de José Padilha – principalmente o segundo, que desmonta o heroísmo, algo "Rambo", do capitão Nascimento deixado pelo primeiro. Os filmes de Meirelles e Padilha deram o tom da década e foram muito premiados: *Cidade de Deus* teve quatro indicações ao Oscar e *Tropa de Elite* ganhou o Urso de Ouro do Festival de Berlim de 2008. Outro diretor brasileiro premiado no exterior é Walter Salles, que fez *Abril Despedaçado* (2001), *Diários de Motocicleta* (2004) e *Linha de Passe* (2009), cuja protagonista, Sandra Corveloni, ganhou o prêmio de interpretação feminina no Festival de Cannes.

Outros bons filmes, com bilheterias bem menos vistosas, mas com trabalhos apurados em alguns aspectos, são *O Invasor* (2001), de Beto Brant; *Bicho de Sete Cabeças* (2001), de Laís Bodansky; *Madame Satã* (2002), de Karim Ainouz; *Cinema, Aspirinas e Urubus* (2005), de Marcelo Gomes; *O Ano em que Meus Pais Saíram de Férias* (2006), de Cao Hamburger; *Estômago* (2007), de Marcos Jorge; *O Cheiro do Ralo* (2007), de Heitor Dahlia; e *Meu Nome não É Johnny* (2008), de Mauro Lima. Temos, então, somando os documentários, uma média de três filmes por ano dignos de nota – benfeitos, interessantes, com algo a dizer –, o que ainda é pouco, mas já é bem mais do que o Brasil teve ao longo dos 20 últimos anos do século XX.

O mecanismo da Lei do Audiovisual e a entrada da TV na produção deram ao cinema brasileiro um caráter mais comercial, no sentido de que se sujeitam ao teste do mercado, ao critério da bilheteria, e mesmo assim os bons diretores têm procurado fazer um trabalho próprio, autoral, sobre questões novas, nos mais variados gêneros. Mas ainda faltam condições para a produção de filmes de maior orçamento que não sejam totalmente financiados por abatimento fiscal, ou seja, pelo dinheiro público. Além disso, há diversos nós na distribuição – a tal ponto que José Padilha decidiu criar sua própria distribuidora para *Tropa de Elite 2*, a fim de evitar a pirataria que lhe roubou público no primeiro filme. E não se viram ainda filmes com a riqueza do argentino *O Segredo dos Seus Olhos*, que não falem apenas de mazelas, mas saibam fundir gêneros como romance, comédia e ação.

As diferenças da atual geração para as anteriores não estão apenas no cuidado técnico, mas, para o bem ou para o mal, na ambição de cada filme: estamos longe do estilo do Cinema Novo, dos anos de 1960, quando os filmes pretendiam apontar para todos os problemas do Brasil em tom épico. As questões do sertão deram espaço aos conflitos urbanos; e é difícil encontrar um diálogo mais genérico ou intelectual. Isso gerou discussões, como a acusação a *Cidade de Deus*, de que seria uma "cosmética da fome" (em oposição à "estética da fome" de Glauber Rocha); e a *Tropa de Elite*, de que seria "fascista" (ao acusar a classe média pelo tráfico de drogas). Fernando Meirelles reconheceu que "acelerou demais" em algumas passagens de seu filme, e José Padilha fez o segundo *Tropa* para esclarecer que não endossava na íntegra o ponto de vista de seu personagem. Mas, em termos de qualidade técnica e estética, apesar da hegemonia de filmes sobre violência social e limitados aos gêneros, o "cinema da retomada" veio e ficou, rompendo tabus e revelando nomes.

TV, NÃO TELINHA

QUANDO SURGIU A TV, a referência a ela como "telinha" se tornou corriqueira. Nos últimos dez anos, tanto no formato como no conteúdo, ela deixou de ser diminutiva. Os canais da TV por assinatura se multiplicaram, e sua audiência começou a refletir sobre as da rede aberta, já que oferece muito mais alternativas, como canais de jornalismo 24 horas, programas científicos e culinários, filmes clássicos e recentes, seriados, partidas de futebol, etc. A produção independente e internacional foi estimulada, e os documentários passaram a ter horários fixos nas grades de programação. Os televisores de plasma ou LED e a chegada do HD (transmissão digital de alta definição) mudaram os ambientes e, aos poucos, também os conteúdos. Coberturas em tempo real, como as dos atentados de 11 de setembro de 2001, do tsunami do Índico em 2004 e do resgate dos mineiros chilenos em 2010, ganharam intensidade, sendo vistas por milhões de pessoas em todo o mundo durante horas seguidas.

Se, por um lado, a força cultural da TV se diluiu com o aumento de opções, por outro, certos programas marcaram época pela maneira inédita como foram seguidos e imitados, em alguns casos atingindo um *status* antes difícil de encontrar. Nos anos de 1990, seriados como *Seinfeld*, *Plantão Médico* (*ER*) e *Law & Order* (este ainda ativo, com desdobramentos de sucesso) tiveram milhões de fãs e uma qualidade de diálogos e encenações muito acima do que se tinha até então, como os famosos "enlatados" que se viam nos anos de 1980 (de *Dallas* a *Casal 20*). Já na primeira década do século XXI, as séries se tornaram mais numerosas e ainda mais caprichadas em termos de produção.

Uma delas, *Lost* (2004-2010), sobre um grupo de pessoas perdido numa ilha e submetido a acontecimentos que misturavam passado, presente e futuro, virou motivo de teses dos mais variados tipos e acabou até frustrando muitos dos espectadores com um final "espiritualista", mas gerou diversos subprodutos e falou à sensibilidade do momento. Outra série que começou muito bem, com falas picantes e temas novos, foi *Sex and the City* (1998-2004), que mais tarde até gerou dois longas-metragens. Ao retratar quatro mulheres, cada qual com uma personalidade diferente (a romântica, a séria, a assanhada e a descolada), a série levou e ampliou os temas femininos e gerou moda, com Sarah Jessica Parker tornando-se referência de estilo e elegância. Com o passar do tempo, foi ficando menos ousada e passou a ser mais um desfile de moda – longe da intenção inicial de retratar a liberação de comportamentos.

Uma que nunca perdeu a força é *The Sopranos* (1999-2007), que retratou de forma heterodoxa uma família de mafiosos de Nova Jersey. O chefão, Tony Soprano, vai ao psicanalista, sofrendo com síndrome do pânico. Os negócios são discutidos num bar de *strip-tease*. Personagens capazes de grande violência se revelam inseguros e transtornados. Com essa série, o criador David Chase mudou a história de um gênero consagrado pelo cinema como espetáculo de crueldade e machismo. *Roma*, que durou apenas duas temporadas em função do alto custo (2005-2007), fez o mesmo em relação aos filmes sobre a Antiguidade. A série criada por Bruno Heller e outros parceiros mostrou o dia a dia na capital do Império Romano em relação à religião, à sexualidade e aos jogos de poder, partindo do ponto de vista de dois legionários. Também gerou subprodutos, como *The Tudors* e *Spartacus*. Ainda no capítulo dos dramas históricos, a série *John Adams* (2008), com Paul Giamatti, também trouxe novos ângulos à visão de um homem no poder, ressaltando as diferenças entre os "fundadores" dos EUA.

Outras séries que estão em qualquer lista das melhores dos últimos dez anos são *House*, *30 Rock* e *Mad Men*. Em *House* (desde 2004), a ambientação em hospital, cheio de casos terminais e termos técnicos, não é nova, mas o personagem principal é. O doutor House é uma figura ímpar, que diz rispidamente tudo o que pensa, é impaciente com doenças corriqueiras, paquera moças de sua equipe, mas é excelente médico também por sua capacidade de pensar livremente sem deixar de ter compaixão. Já *30 Rock* (desde 2006) retrata os bastidores de um programa humorístico, baseado no lendário *Saturday Night Live*. E *Mad Men* (desde 2007) mostra o cotidiano de uma agência de publicidade, com a tônica de um humor seco, quase neurastênico, como seus personagens.

No Brasil, é cada vez maior o impacto dessas séries e documentários de qualidade, mas em escala menor por causa do ainda baixo acesso às redes por assinatura (9,5 milhões de assinantes, com aumento de 27,5% em 2010) e da força de um canal de TV aberta, a Rede Globo (cuja participação total caiu na última década de 32 pontos para 27 pontos, uma perda de 17% dos televisores ligados), com novelas, jornais e jogos de futebol. Mas a tendência é a mesma que se vê mundo afora: aumento das ofertas, segmentação, produções de maior orçamento ou alternativas, etc. A própria Globo investiu cada vez mais em minisséries e programas especiais, além de ter resgatado seriados nacionais, como *A Grande Família* (desde 2001), com atores como Marco Nanini e Pedro Cardoso.

Guel Arraes, Luiz Fernando Carvalho, Daniel Filho e Fernando Meirelles são os diretores responsáveis pelas séries mais criativas, embora curtas, que a TV brasileira exibiu na década. Foram, em geral, baseadas em clássicos da literatura. De Arraes, houve *Decamerão* (2009); de Carvalho, *Os Maias* (2001) e *Capitu* (2008); de Daniel Filho, *As Cariocas* (2010); e de Meirelles, *Som & Fúria* (2009). Mas a proposta está longe das longas e memoráveis adaptações literárias dos anos de 1980, como *Grande Sertão: Veredas* e *O Tempo e o Vento*, relançadas em DVD.

A grande marca do período, no entanto, foram os *reality shows*, programas em que pessoas selecionadas são confinadas e filmadas 24 horas por dia ao longo de várias semanas, passando por provas físicas e relacionamentos viciados pelo jogo em busca do prêmio milionário. O formato mais bem-sucedido, o *Big Brother*, assim batizado em decorrência do personagem de George Orwell (que, no romance *1984*, uma sátira à tirania, a tudo assiste e controla), foi criado em 1999 por uma empresa holandesa e teve o formato distribuído por meio de franquia a mais de 20 países. No Brasil, começou a ser exibido em 2000, sempre nos primeiros meses do ano, alcançando boa audiência. Com o passar das edições, foi transformado mais e mais numa plataforma de lançamento de novas e quase sempre fugazes celebridades, que chamam atenção principalmente pela aparência, o que se pode notar na seleção dos participantes, já que os mais feios e os mais velhos quase desapareceram dos elencos. Nestes dez anos, uma das poucas que conseguiram fazer carreira depois do programa foi a atriz Grazi Massafera, que foi finalista do *BBB5*, em 2005.

O programa de ficção preferido dos brasileiros continuou a ser as novelas, principalmente as exibidas no horário das 21 horas. Manoel Carlos, Glória Perez, Aguinaldo Silva e Gilberto Braga foram os autores mais frequentes e incluíram novos temas no formato, como as campanhas sociais (de conscientização sobre drogas, doenças e preconceitos), o predomínio do ambiente urbano (rompendo a tradição da emissora de alternar no horário novelas rurais e urbanas) e as histórias iniciais ou paralelas em outros países

(Marrocos, Índia, Itália, Jordânia, etc.). Elas continuam a ter cerca de 200 capítulos e a provocar posicionamentos morais e modismos na sociedade. Algumas tiveram grande impacto popular, como *Senhora do Destino* (2005) e *Paraíso Tropical* (2007), puxadas em geral pelos vilões (Nazaré, de Renata Sorrah, e Olavo, de Wagner Moura). Mas é consenso que as novelas atuais já não têm a força de *Roque Santeiro* (1985) e de *Vale Tudo* (1989), por exemplo, por seu diálogo com a atualidade brasileira e seu compromisso central com o romance e o humor.

OUTRA ÁREA SENSIVELMENTE TRANSFORMADA PELAS tecnologias digitais e pelas interações globais é a arquitetura. Com softwares que permitem projetos em 3D, novos tipos de materiais e a abertura de mercados emergentes, a própria linguagem arquitetônica se transformou. Um dos nomes fundamentais nesse processo, por exemplo, é Frank Gehry, que, depois do famoso Museu Guggenheim de Bilbao (1997), realizou uma obra para a qual pesquisou ao longo de mais de 15 anos: a Sala de Concerto Walt Disney (2003), na Califórnia, que conta novamente com placas de titânio e *design* em AutoCAD. O *status* de Gehry chegou a tal ponto que ele foi tema de um excelente documentário de Sydney Pollack em 2005.

Com o mesmo gosto por formas ousadas e vistosas, a dupla de suíços Herzog & De Meuron se destacou na década, sobretudo por obras na Copa da Alemanha (Allianz Arena, 2005) e nos Jogos Olímpicos de Pequim (Estádio Nacional, o "Ninho de Pássaro", 2008), mas também por projetos realizados ou em execução nos mais diversos países, como na Inglaterra (Tate Modern 2) e no Brasil (São Paulo Companhia de Dança). Abandonando o minimalismo do início da carreira, a dupla criou prédios cada vez mais complexos – que buscam um contraponto entre a grandiosidade e a leveza, dadas pelo movimento e pelo humor –, os quais modificam suas luzes e suas formas de acordo com o horário.

Dois outros arquitetos internacionais de primeiro time que fizeram projetos para o Brasil são o português Álvaro Siza e o francês Christian de Portzamparc. Siza criou a Fundação Iberê Camargo, museu inaugurado em 2008 na cidade de Porto Alegre, o qual chama a atenção pela maneira como se acomoda na encosta da colina e pelo caminho que leva o visitante a percorrer à medida que sobe os andares, por meio de corredores que passam por fora do prédio. Portzamparc projetou a Cidade da Música no Rio de Janeiro, ainda em finalização, com grandes triângulos curvos e rampas para os auditórios que hospedarão a Orquestra Sinfônica Brasileira.

Outros nomes que dominaram a cena internacional no início do século XXI foram Rem Koolhaas (torre da TV estatal chinesa, em Pequim, 2008), Jean Nouvel (Torre Agbar, de Barcelona, 2003), Norman Foster (Torre St. Mary, Londres, 2004, e Aeroporto de Pequim, 2008), Renzo Piano (sede do jornal *The New York Times*, 2007), Zaha Hadid, Tadao Ando e poucos mais. Em muitos casos, essas construções de grandes dimensões e formas surpreendentes foram acusadas de ser "arquitetura do espetáculo", exibicionista, mas o fato é que apresentam uma liberdade formal que nem os mais radicais modernistas tiveram no início do século passado, em grande parte graças à evolução das técnicas e dos materiais de construção.

No Brasil, a consagração de Oscar Niemeyer e Paulo Mendes da Rocha continuou. Niemeyer realizou obras como o museu que leva seu nome em Curitiba, conhecido como "Museu do Olho" pela forma de sua torre, e o Auditório Ibirapuera em São Paulo, projeto antigo que consiste em um prédio em forma de cunha com abertura que lembra uma língua. Assim, a última fase de Niemeyer mostra aposta ainda maior na simplicidade formal, aliada a elementos escultóricos. Mendes da Rocha recebeu em 2006 o mais prestigioso prêmio da área, o Pritzker (de que o único detentor brasileiro até então era Niemeyer), embora na década tenha trabalhado mais com reformas (como a que criou o Museu da Língua Portuguesa, na Estação da Luz, em São Paulo) e na polêmica cobertura da Praça do Patriarca, no centro da cidade.

Foi em São Paulo que neste começo de século as gerações posteriores começaram a ter mais espaço e prestígio. Um desses nomes é o de Isay Weinfeld, que criou lojas, restaurantes, casas e o Hotel Fasano, sendo premiado internacionalmente por projetos como o da Livraria da Vila e o Edifício 360º, entre outros. Outro nome que se destacou, de maneira mais controversa, foi Ruy Ohtake, que fez, entre outros, o Hotel Unique e o Instituto Tomie Ohtake, com formas frutíferas e cores chamativas. Também o trabalho de escritórios como Botti Rubin, Andrade Morettin, MMDB, Una, Brasil Arquitetura e Grupo SP mudou e atualizou a arquitetura nacional. Outros, como o Triptyque, mostraram sintonia com outras tendências, como a da arquitetura sustentável (que economiza energia, reutiliza água e recicla materiais) e os prédios "de *design*" (em que cada unidade é diferente da outra, permitindo adaptação aos diversos estilos de vida). A arquitetura, como as artes, é sempre uma resposta à sociedade.

Também o design brasileiro tem atraído cada vez mais atenção internacional. Os irmãos Campana, por exemplo, obtiveram muito sucesso com móveis e objetos que usam com frequência matérias-primas rústicas, criando assim uma mistura de registros entre o chique e o artesanal. Hugo França, por sua vez, se tornou conhecido por sua mobília que usa madeira (de origem certificada) sem muita intervenção, quase em estado bruto, como os troncos em formato de sofá ou namoradeira. E jovens como Zanini de Zanine, Júlia Krantz e Rodrigo Almeida seguem esses exemplos e acumulam prêmios no Brasil e no exterior.

O MUNDO DA MÚSICA TAMBÉM passou por transformações agudas na primeira década do século XXI. Novos formatos, sobretudo o MP3, apesar da qualidade técnica mediana, tiraram espaço dos CDs pelo preço mais baixo e pela ausência da necessidade de um distribuidor. Escutar música em iPods, os sucessores *high-tech* do *Walkman*, se tornou um hábito disseminado em todas as partes, levantando dúvidas acerca dos direitos autorais e do conceito de álbum. Ao mesmo tempo, ironicamente, toda essa virtualidade levou ao aumento do número de shows e turnês. Mesmo artistas milionários, como Paul McCartney, Rolling Stones e Madonna, realizaram shows em países mais distantes e com mais frequência. Além disso, muitas dessas apresentações ao vivo foram parar em outra mídia, o DVD. Mesmo na música erudita, parte da queda na venda dos CDs foi compensada com o aumento na venda de DVDs, especialmente os de óperas.

Os shows ganharam ainda mais o sentido de "experiência", e muitos festivais inspirados em Woodstock foram realizados em todo o mundo, inclusive no Brasil. Outros eventos mais ligados ao universo da música eletrônica também reuniram a juventude durante dias seguidos, numa sequência de apresentações no mesmo lugar, às vezes alternando apenas os palcos. Bandas históricas, como Rolling Stones e U2, fizeram shows em praias e estádios brasileiros; e bandas como Radiohead se apresentaram pela primeira vez ao país. E não foi por acaso que, pouco antes de morrer, em junho de 2009, Michael Jackson ensaiava uma turnê mundial para reerguer sua combalida carreira, apresentando algumas canções inéditas e investindo alto em efeitos espetaculares. Sua morte acabou reacendendo seu mito, e CDs, DVDs e documentários tomaram o mercado com grande repercussão. Jackson devia boa parte de sua fama ao talento dos videoclipes, como o de *Thriller*, um fenômeno dos anos de 1980, e hoje eles voltaram a ter importância, mas agora divulgados em sites como o YouTube.

Isso não significa que meios mais tradicionais não tenham servido para lançar grandes nomes. A cantora e compositora Amy Winehouse, por exemplo, construiu seu sucesso com um CD muito bem produzido, *Back to Black* (2006), muito mais do que com shows. Parte de sua fama (obviamente a parte má) veio também de escândalos e boatos sobre sua vida privada, pautada por vícios e romances dramáticos. Mas suas canções são de fato cantadas e ouvidas à exaustão pelos fãs, que decoram as letras e admiram a voz da cantora, que nas apresentações ao vivo não impressiona tanto. Já Lady Gaga, outra cantora igualmente famosa por seu comportamento, mas no polo oposto ao da depressão de Amy, fez sua reputação como *performer* em shows e videoclipes, com uma música que remete à fase mais tecno de Madonna, traduzida em roupas provocantes e no estilo camaleônico.

Amy, porém, é sinal de uma tendência muito marcante no período: a redescoberta da música negra americana dos anos de 1960 e 1970, ou seja, do mesmo caldo de onde surgiu Michael Jackson. A volta ao *black* envolveu desde novas gravações de clássicos de Marvin Gaye e Al Green até o trabalho de compositores como Amy, sua protegida Janelle Monáe e o vocalista Cee Lo Green, da dupla Gnarls Barkley, que também em 2006 estourou nas paradas com o *hit Crazy.* Do mesmo modo, o hip hop, que havia dominado os anos de 1990 e depois se enfraquecido, ressurgiu mais melódico no trabalho de Kanye West, no retorno de Eminem e em outros estilos, além da versão ainda mais pop do grupo Black Eyed Peas.

No mundo do *pop rock*, algumas bandas tiveram grande acolhida nos primeiros anos do século, como Coldplay, Yeah Yeah Yeahs, Arcade Fire, The Strokes e The Killers. Duas se destacaram pela originalidade e também pelo culto em círculos fora do circuito *pop*: Radiohead e The White Stripes. O Radiohead estourou nos anos de 1990, com discos hoje considerados históricos como *OK Computer*, mas continuou a manter sua reputação com trabalhos como *Hail to the Thief* (2003) e *In Rainbows* (2007), este lançado primeiro em seu site, no qual os fãs podiam decidir quanto pagariam pelo *download*. As canções do grupo de Thom Yorke, por sua harmonia incomum, ganharam versões para o *jazz* ou foram base para trilhas de cinema. O The White Stripes é um duo formado por Jack White e sua ex-mulher, Meg, e fez CDs como *Elephant* (2003) e *Get Behind me Satan* (2005), que também provaram que é possível fazer música de sucesso com sofisticação.

Uma forte marca do período foram alguns nomes novos ligados à herança do *jazz* e dos *standards* americanos, especialmente mulheres. Misturas de intérpretes e compositoras, Diana Krall, Madeleine Peyroux, Norah Jones e outras artistas arrebanharam admiradores. Como Amy Winehouse, Lady Gaga e outras cantoras *pop*, como Regina Spektor e Beyoncé, elas mostraram que, depois de sete séculos de canções feitas por homens para as mulheres, agora o sentido contrário tem se expandido. Mas as intérpretes também continuam ocupando bastante espaço. Brasileiras como Rosa Passos e Luciana Souza, por exemplo, misturam os cancioneiros americano e brasileiro e são premiadas nesses e em outros países.

Alguns homens seguem se destacando por suas canções apuradas, com letras muito sofisticadas. Grande exemplo é Tom Waits, que o historiador de arte inglês Simon Schama alcunhou de "Kurt Weill da América", pela doce melancolia de sua música. Em 2002 ele fez *Alice*, CD que parece ter uma unidade operística; em 2004, *Real Gone*; e em 2006, o álbum triplo *Orphans*, que incluiu leituras poéticas. Não por acaso, foi gravado por diversas vozes, como as das brasileiras Cibelle e Cida Moreira e até a da atriz Scarlett Johansson. O britânico Elvis Costello, que despontou primeiro como roqueiro, é outro exemplo de autor que tem composto melodias suaves para letras inteligentes. Fez parcerias com Allen Toussaint e T-Bone Burnett e trabalhou com a cantora lírica Anne Sofie von Otter (*For the Stars*, 2001), entre outros projetos. Em *North* (2003), gravou canções inéditas, de uma delicadeza que causou espanto entre seus fãs do *rock*. Mas também fez três discos com sua antiga banda, The Imposters.

Também o *jazz* e a música cubana, se já não vivem sua era de ouro, nem por isso deixaram órfãos os ouvintes. No *jazz*, nomes como Brad Mehldau, Jason Moran e Dave Douglas apareceram com trabalhos que foram comparados aos de mestres ainda vivos, como Dave Brubeck, Keith Jarrett e Pat Metheny. Cantores de clássicos como Michael Feinstein, John Pizzarelli e Michael Bublé se apresentaram em casas de *jazz* no mundo todo. Jovens como Jamie Cullum renovaram não só o estilo de interpretação, mas também compuseram canções próprias, como *Gran Torino* e *Don't Stop the Music*. A música cubana tem herdeiros criativos, como Roberto Fonseca e Gonzalo Rubalcaba, e mestres na ativa, como Bebo Valdés, que fez, com o cantor Diego El Cigala, o belo *Lagrimas Negras*, e a grande Omara Portuondo, que gravou com Maria Bethânia.

Na música clássica ou erudita, também existe a sensação de que a era dourada passou, mas há nomes que ainda a mantêm viva. Compositores como Arvo Pärt, John Adams, Philip Glass e György Ligeti (morto em 2006) conseguiram entrar no repertório de grandes orquestras e intérpretes, renovando a tradição do minimalismo com novas pesquisas de cores. Intérpretes como os pianistas Alfred Brendel, Radu Lupu e Martha Argerich seguiram em grande forma, ao lado de revelações como András Schiff, Evgeny Kissin e Leif Ove Andsnes; violinistas mais jovens, como Mitsuko Uchida, Anne-Sophie Mutter e Joshua Bell, tomaram a cena junto a veteranos como Yehudi Menuhin; cantores como Barbara Hendricks e Anna Netrebko mantiveram o interesse por óperas e árias no mundo todo, assim como o violoncelista Yo-Yo Ma se tornou uma espécie de "*popstar* erudito"; e maestros como Claudio Abbado, Simon Rattle e Daniel Barenboim viram surgir nomes como o do venezuelano Gustavo Dudamel, contratado pela Filarmônica de Los Angeles. No Brasil, três músicos se firmaram internacionalmente: o maestro Roberto Minczuk, o violoncelista Antonio Meneses e o pianista Nelson Freire, incluído na prestigiosa coleção Philips dos *Great Pianists.*

Embora os CDs de música clássica tenham despencado nas vendas, os DVDs – sobretudo os de ópera – compensaram um pouco, assim como o material disponível na internet; e as turnês de concertos, bem como os shows, foram se tornando a principal fonte de renda para os músicos.

O CONCEITO DE MPB é associado em geral a uma geração que renovou a canção brasileira nos anos de 1950 e 1960, sobretudo com movimentos como a Bossa Nova e a Tropicália. Mas o nome "música popular brasileira" pode certamente se referir a compositores anteriores, como Pixinguinha, Noel Rosa e Cartola, e a posteriores, como muitos do chamado "*rock* dos anos de 1980", como Cazuza e Renato Russo. E essa linhagem se viu continuada no século XXI por uma série de intérpretes, mas também por alguns compositores, embora seja difícil dizer que estejam no mesmo patamar.

Não que muitos grandes nomes da MPB não tenham continuado na ativa e em boa forma. Chico Buarque, embora tenha se dedicado mais à literatura desde os anos de 1990, fez a trilha do musical *Cambaio* (2001) e o CD *Carioca* (2006). Seus parceiros mais frequentes, Edu Lobo e Francis Hime, fizeram CDs com belas melodias, respectivamente *Tantas Marés* e *O Tempo das Palavras*, ambos de 2010. Caetano Veloso fez discos de intérprete, como *A Foreign Sound* (2004), em que canta de Cole Porter a Nirvana, e montou banda com seu filho Moreno e compôs *Cê* (2006), próximo do *rock*. Também gravou um CD em homenagem a Tom Jobim ao lado de Roberto Carlos (2008), e este também teve apenas mais um ou dois *hits* em sua vasta lista. Milton Nascimento também gravou interpretações, como *Novas Bossas* (2008), e participou de discos de cantoras estrangeiras e até de música medieval. Djavan foi outro que se destacou mais como cantor do que como compositor em *Ária* (2010) e só fez algumas boas canções como *Milagreiro* (2001).

De qualquer modo, são todos autores nascidos nos anos de 1940 e já não produzem com a mesma quantidade e qualidade. Chico Buarque chegou a dizer que "música popular é coisa para jovens". Ainda que continuem a ser tocados em trilhas de telenovelas, por exemplo, já não ocupam o mesmo espaço. Mas os jovens que surgiram nos últimos tempos, dos anos de 1990 para cá, não formam uma geração capaz de marcar tanto a vida pessoal e coletiva da audiência, principalmente na conjunção de letra e música. Depois de ondas sucessivas (axé, sertanejo, pagode, *funk*, etc.), o cenário caiu numa "diversidade" de estilos sem grandes novidades. Mesmo as bandas do *pop rock* dos anos de 1980 e 1990 não tiveram substitutas.

Isso não significa que não tenha aparecido gente de talento. Nomes como Lenine e Zeca Baleiro continuaram a ser exceções, como autores de canções herdeiras da MPB e agradáveis ao grande público. Entre os poucos que conseguiram o mesmo na primeira década do século, estão Seu Jorge, que em CDs como *Cru* (2004) e *América Brasil* (2007) teve muito sucesso. Outro exemplo é o grupo Los Hermanos, que estourou em 1999 com o *hit Anna Júlia*, para mais tarde parar de apresentá-la nos shows. Com *Bloco do Eu Sozinho* (2001), *Ventura* (2003) e, sobretudo, *4* (2005), que venderam menos, mas não pouco (50 mil em média, ante 350 mil do primeiro CD), eles atingiram um ponto de qualidade e repercussão que prometia. Justamente aí, porém, decidiram se separar, e os dois principais integrantes, Marcelo Camelo e Rodrigo Amarante, foram tentar carreira solo, sempre reforçando sua ligação com a tradição da música brasileira. Em campos diferentes, Marcelo D2, com *À Procura da Batida Perfeita* (2003), propôs uma mistura de samba com *rap*; e os *Tribalistas* (2002), de Marisa Monte, Arnaldo Antunes e Carlinhos Brown, também emplacaram *hits*.

Um movimento mais consistente, embora menos abrangente, se viu na música instrumental brasileira. Nomes como Yamandu Costa e Hamilton de Holanda, que gravaram juntos (*Luz da Aurora*, 2009) e com mestres de gerações anteriores (como Armandinho e Paulo Moura), surgiram e logo se tornaram referências. Grupos como o Duofel e o Quarteto Maogani lotaram shows. Egberto Gismonti continuou a ter seu imenso talento respeitado no mundo todo e gravou CDs como *Sertões Veredas* (2009), em homenagem a Guimarães Rosa. Desse meio despontaram ainda autores de canções, como Guinga (*Noturno Copacabana*, 2003), André Mehmari (*Piano e Voz*, com Ná Ozzetti, 2006) e Chico Pinheiro (*Flor de Fogo*, 2010). Suas canções não chegam a fazer sucesso, mas têm uma sofisticação rara e eficiente.

A LITERATURA NO INÍCIO DO século não tem uma tendência marcante, como um gênero ou um movimento, mas há pontos comuns bem significativos. Se pensarmos nos melhores livros de ficção do período, encontraremos preocupações que, em termos mais amplos, se repetem. Uma delas parece ser uma reação ao mundo atual e a seus conflitos - para o bem ou para o mal - entre culturas e etnias, com temas como migração e exílio em alta. Outra preocupação é a procura de uma nova fusão com o ensaio, no sentido de que os enredos não apenas contêm pensamentos em forma de digressões ou diálogos, mas também ganham energia da interpretação de determinadas questões, envolvendo as mais diversas disciplinas. É óbvio que cada autor tem encontrado sua dosagem na expressão dessas preocupações.

Um romancista que tem conseguido alcançar um público grande e, ao mesmo tempo, angariar reputação crítica é o britânico Ian McEwan, principalmente a partir de *Reparação* (2001), que até virou filme de Hollywood, sobre as memórias de uma menina que julgou presenciar um ato e, ao denunciá-lo, causou uma tragédia familiar. O livro é sobre a arte como tentativa de ordenar a vida e sobre a vida como fluxo imprevisível, em que a história - no caso, a Segunda Guerra Mundial - interfere nos destinos que as pessoas traçam para si mesmas. Em *Sábado* (2005) e *Solar* (2010), McEwan foi a fundo em um assunto que muito lhe interessa, a ciência, contando respectivamente a vida de um neurologista e a de um físico que veem suas ideias contrapostas pela realidade social e circunstancial.

Outro grande escritor que ao longo do decênio criou personagens que também reexaminam seus valores diante de acontecimentos históricos é o americano Philip Roth. Ele publicou, entre outras obras, uma série de seis novelas de força muito concentrada, tanto nas tramas quanto nas meditações: *O Animal Agonizante* (2001), *Homem Comum* (2006), *Fantasma Sai de Cena* (2007), *Indignação* (2008), *A Humilhação* (2009) e *Nemesis* (2010). Fez também *Complô contra a América* (2004), seu romance de maior porte na década, constituído quase todo de relatos em primeira pessoa, de homens em decadência, que repassam suas memórias — Roth contou ter lido Joseph Conrad e Machado de Assis, entre outros, durante esses trabalhos

– de marcos históricos, como a Guerra da Coreia, a epidemia de poliomelite ou a eleição de Clinton.

Dois escritores irlandeses de gerações distintas, John Banville (nascido em 1945) e Joseph O'Neill (1964), também refletiram sobre afastamentos e perdas, respectivamente, em livros como *O Mar* e *Terra de Ninguém*. E um escritor alemão prematuramente falecido, W. G. Sebald (1944-2001), publicou no ano de sua morte um livro que mistura ainda mais radicalmente memória, ensaio e ficção, *Austerlitz*, sobre um arquiteto que reflete sobre a cultura autoritária na Europa, ao mesmo tempo que investiga seu passado, como judeu tcheco emigrado para Londres.

O sul-africano J. M. Coetzee, ganhador do Nobel de Literatura de 2003, é um grande exemplo dos que lidam com atritos do chamado mundo pós-colonial. Embora não tenha feito nada como *Desonra*, de 1999, escreveu ficções semiautobiográficas, como *Verão* (2009), e livros que tratam questões relacionadas ao ambientalismo e ao vegetarianismo, como *Elizabeth Costello* (2003). Outro vencedor do Nobel de Literatura, o turco Orhan Pamuk tem outro tipo de ambição sobre o mesmo tema. Em *Neve* (2004), construiu um grande painel de seu país ao descrever o retorno do exílio de um poeta a Istambul, recheado de comentários sobre a conciliação difícil entre Ocidente e Oriente. O peso da história num país fragmentado também é o tema do húngaro Imre Kertész, em livros como *Liquidação* (2003), em que o narrador investiga a causa do suicídio de um dramaturgo que esteve em Auschwitz e também enfrentou o stalinismo.

Na França, dois autores que se destacaram polemicamente também abordam conflitos étnicos e culpas do passado. Michel Houellebecq fez em *Plataforma* (2002) uma sátira do turismo sexual e foi acusado de "islamofobia"; e, em *A Possibilidade de uma Ilha* (2005), dividiu o personagem em dois clones que discutem o consumismo em tom apocalíptico. Jonathan Littell, por sua vez, nascido em Nova York, foi criado na França e se radicou em Barcelona. Ele assumiu em *As Benevolentes* (2006) a voz de um oficial nazista e teceu um romance de 900 páginas em que personagens e fatos históricos são abordados com precisão.

Na América Latina, muitas das atenções da crítica internacional se voltaram para outro escritor morto prematuramente, o chileno Roberto Bolaño (1953-2003). Seus melhores livros, como *Detetives Selvagens* (1998) e *Noturno do Chile* (2000), foram traduzidos nos primeiros anos do século XXI e tiveram grande repercussão em suplementos literários. Ele, que chegou a ser preso pela ditadura de Pinochet, viveu no México, em El Salvador, na França e na Espanha. Em 2004, muito doente (tinha hepatite C), entregou a primeira versão do ambicioso *2666*, romance que, na verdade, se divide em cinco, para contar a história de quatro críticos literários que investigam o paradeiro de um escritor alemão chamado Archimboldi.

No Brasil, quatro ficcionistas dividiram os prêmios e os comentários ao longo da década: Milton Hatoum, Chico Buarque, Bernardo Carvalho e Cristovão Tezza. Depois do sucesso de *Dois Irmãos* (2000), Hatoum publicou *Cinzas do Norte* (2005), que contrasta a trajetória de dois amigos no Brasil do regime militar; a novela *Órfãos do Eldorado* e os contos de *A Cidade Ilhada*, em que pela primeira vez narra histórias que não se situam na Amazônia. Chico Buarque escreveu dois romances, *Budapeste* (2003) e *Leite Derramado* (2009), ambos bem acolhidos pela crítica – especialmente o primeiro, que mostra a força afetiva do idioma sobre um brasileiro que decide aprender húngaro sem sotaque – e pelo público. Bernardo Carvalho escreveu histórias com personagens estrangeiros (*Nove Noites*, 2002) ou em países estrangeiros (*Mongólia*, 2003, e *O Filho da Mãe*, 2009, que se passa na Rússia), sempre acerca de questões da identidade fugidia. E Tezza chegou ao grande público com um livro semiautobiográfico, *O Filho Eterno* (2007), sobre um filho com síndrome de Down. Na poesia, tivemos novos trabalhos de Ferreira Gullar, como *Em Alguma Parte Alguma* (2010), e o surgimento de Fabrício Carpinejar, de *Cinco Marias* (2004), ambos herdeiros de Drummond, Cabral e Bandeira.

No entanto, os romances *best-sellers* das livrarias brasileiras de 2001 a 2010 foram livros de fantasia ou suspense de autores estrangeiros, como os da série *Harry Potter*; o *Código Da Vinci*, de Dan Brown; e a saga *Crepúsculo*, além dos de Stieg Larsson, como *Os Homens que Odiavam as Mulheres*, que mistura romance policial com passado nazista. Outro gênero que apareceu muito na lista de mais vendidos foi o dos livros romanceados sobre relações amorosas, como *Comer, Rezar, Amar*, de Elizabeth Gilbert, e *A Última Canção*, de Nicholas Sparks.

A FORÇA DA NÃO FICÇÃO

ASSIM COMO NO CINEMA, a não ficção ganhou espaço no mercado editorial nos últimos anos. Biografias, livros de história, ensaios científicos e reportagens, além de livros de autoajuda e religião, ocuparam mais espaço, movidos por uma demanda crescente. Isso provavelmente tem a ver com a força que a mídia passou a ter no cotidiano, por meio de sua agenda de crimes, tragédias e corrupção, em virtude da multiplicação de tecnologias e modos de acesso; e com a expansão de disciplinas como a biologia, que cada vez mais se aproximou da psicologia. Mas a tendência também pode se dever em parte a um esgotamento da ficção moderna, principalmente dos romances que parecem longos ou redundantes para a maioria dos leitores, que acabam encontrando os velhos e bons personagens na não ficção.

Não por acaso as biografias continuaram atraindo tanta leitura. Figuras importantes de todas as áreas foram temas de diversos livros: nas artes visuais, Pablo Picasso (por John Richardson), Matisse (por Hilary Spurling) e Goya (por Robert Hughes); na literatura, Tchecov (por Donald Rayfield), Tolstoi (por Jay Parini) e Keats (por Andrew Motion); na música, Beethoven (por Lewis Lockwood); na economia, Keynes (por Robert Skidelsky); nas ciências, Isaac Newton (por James Gleick), Einstein (por Walter Isaacson) e Paul Dirac (por Graham Farmelo); na política, Churchill (por Roy Jenkins), Roosevelt (por H. W. Brands), Hitler (por Joachim Fest e Ian Kershaw), Mussolini (por Donald Sassoon) e Stalin (por Dmitri Volkogonov e Simon Sebag Montefiore). Esses últimos, por sinal, confirmam o interesse por livros sobre a Segunda Guerra Mundial. Mas a Primeira também teve diversos títulos importantes, como *The First World War*, de Hew Strachan.

No Brasil, biografias e história também concentraram as atenções. Desde as comemorações do quinto centenário da descoberta, em 2000, livros de história do Brasil escritos em linguagem leve, como os de Laurentino Gomes e Eduardo Bueno, venderam muito. Outros prestaram grande serviço com revelações sobre períodos controversos, como a série *Ilusões Armadas*, de Elio Gaspari, sobre o regime militar de 1964-1985; *Maldita Guerra*, de Francisco Doratioto, sobre a Guerra do Paraguai; *O Banqueiro do Sertão* e *História do Brasil com Empreendedores*, ambos de Jorge Caldeira, sobre o tamanho do mercado interno no período colonial. E dois dos principais biógrafos brasileiros, Fernando Morais e Ruy Castro, publicaram, entre outras, as histórias de Paulo Coelho e Carmen Miranda, respectivamente.

Do mesmo modo, livros de história cultural continuaram em alta. Eles contaram episódios de conflito filosófico, como *O Atiçador de Wittgenstein*, de David Edmond e John Eidinow, ou *The Metaphysical Club*, de Louis Menand; ou aventuras que inspiraram literaturas, como *No Coração do Mar*, de Nathaniel Philbrick, sobre a caça às baleias que seria retratada por Herman Melville em *Moby Dick*. No Brasil, Zuza Homem de Mello contou como foi *A Era dos Festivais*, e o autor inglês Alex Bellos mostrou a cultura do futebol em *O Brasil em Campo*. Os grandes críticos, como George Steiner, Harold Bloom e Charles Rosen, também seguiram publicando provocantes livros de ensaio.

Mas poucas áreas cresceram tanto quanto a dos livros sobre ciência, escritos por cientistas ou jornalistas especializados, quase sempre num tom narrativo de grande acessibilidade. Além das biografias citadas, lemos relatos e ensaios cujo objetivo não era apenas a divulgação, mas também a provocação, o lançamento de ideias originais na sociedade. Até um nome foi dado a essa tendência: a "terceira cultura". Quem o cunhou em 1991 foi o criador do site Edge (www.edge.org), John Brockman, tendo em mente um famoso debate de 1959 entre o cientista e romancista C. P. Snow e o crítico literário F. R. Leavis. Reaproximar as ciências exatas e biológicas das chamadas ciências humanas (sociologia, antropologia, filosofia) é a proposta desses autores cada vez mais conhecidos.

Um dos temas mais abordados tem sido a neurologia humana, estimulada por novos equipamentos de imagem, em livros como *O Mistério da Consciência*, de António Damásio; *Os Fantasmas do Cérebro*, de V. S. Ramachandran; e *Como a Mente Funciona*, de Steven Pinker. Eles tentam mostrar – como Oliver Sacks já vinha fazendo desde os anos de 1970 – que lesões cerebrais provocam mudanças de comportamento e redistribuição de funções mentais; ou seja, que não se pode separar a fisiologia neuronal e o que chamamos de consciência. Para Damásio, a própria regulação hormonal e emocional do corpo permite o funcionamento mental e a ação de uma consciência "expandida", mais articulada, verbal, no córtex. Para Ramachandran, o papel do chamado neurônio espelho, responsável por nossa capacidade de imitar os outros e sentir o que sentem, é importante e confirma que o cérebro é um órgão aberto, "social", que interage constantemente. Pinker prefere dar ênfase às inclinações biológicas de boa parte dos nossos comportamentos, até mesmo morais, o que causou muitas críticas por ter ido além do que as pesquisas já comprovam. Mas ele também ganhou leitores por contrariar a tendência das ciências sociais de dizer que não existe uma "natureza humana" e de afirmar que somos apenas o que a sociedade quer que sejamos.

A fronteira nebulosa entre o biológico e o simbólico também apareceu em títulos como *O Que Nos Faz Humanos*, de Matt Ridley, que mostrou como a genética é mal-entendida, porque a cultura tende a ver os genes como estoques de informação estática, e não como informações que podem ou não ser ativadas ao longo de uma vida, até por fatores ambientais. Mas as maiores polêmicas ficaram por conta de livros que discutem a teoria de Darwin e as crenças religiosas, com destaque para os de Richard Dawkins, como *Deus, um Delírio*. Dawkins foi muito criticado por usar um tom que ecoa o mesmo tom que ele critica, o da "pregação" (dos dogmáticos religiosos, que até hoje não aceitam a existência comprovada da mutação das espécies), pois escreveu que tinha como meta converter cada leitor a abandonar a fé. Daniel Dennett e Christopher Hitchens são outros polemistas que criticaram o ressurgimento da religião e movimentos como o "*design* inteligente", que diz que o universo teve uma criação intencional, que a vida humana não surgiu por um processo indireto ou aleatório.

No assunto meio ambiente, grandes destaques foram dois livros do biogeógrafo Jared Diamond, *Armas, Germes e Aço* e *Colapso*, que estuda a relação entre o declínio das civilizações e o mau uso de recursos naturais em exemplos do passado. Livros mais abrangentes sobre a história da ciência também tiveram sucesso, como *Breve História de Quase Tudo*, de Bill Bryson; e *Science*, de John Gribbin. No Brasil, os poucos que se dedicaram a livros científicos para o grande público, sem que isso significasse banalizar as questões e se abster de opinião própria, foram o físico Marcelo Gleiser (*Criação Imperfeita*) e o biólogo Fernando Reinach (*A Longa Marcha dos Grilos Canibais*).

SE O CINEMA, A ARQUITETURA e a música reagiram às novas tecnologias, e a literatura encontrou temas também reforçados pelos fluxos globais, as outras artes não mostraram o mesmo vigor. Mas nem por isso deixaram de levantar questões, revelar nomes e assumir tendências. A presença dos espaços arquitetônicos e dos temas ambientais nas instalações e nas *performances*, por exemplo, traz pontos comuns com as demais artes.

Nas artes plásticas, as grandes retrospectivas continuaram a ter a preferência do público. Exposições alentadas de artistas como Caravaggio, Rembrandt, Turner, Matisse e tantos outros lotaram museus nos EUA e na Europa. Já as bienais, como a de Veneza, e outras grandes mostras de arte contemporânea, como a documenta de Kassel, não provocaram o mesmo tipo de reação – positiva ou negativa – que costumavam provocar nas décadas anteriores. A de São Paulo, por exemplo, chegou a ser chamada de "bienal do vazio" na edição de 2008, tal a perda de rumos. Em média, elas registraram apenas o surgimento de novos polos, como a China, onde uma pintura *pop* como a de Zhang Xiaogang e as instalações de Ai Weiwei causaram desgosto no governo por seu conteúdo irônico. E nomes como Jeff Koons e Damien Hirst seguiram enriquecendo com polêmicas.

Os nomes em destaque no período já eram consagrados antes. São os casos de Richard Serra, com suas grandes esculturas sinuosas que desestabilizam nossas noções de escala e coordenada; Anish Kapoor, que também usa o espaço arquitetônico para interferir na percepção humana, recorrendo ainda a pigmentos e espelhos que mudam a sensação espacial; e Martin Puryear, que cria objetos e esculturas que mesclam minimalismo e artesanato para brincar com os conceitos de equilíbrio e movimento. O mais novo é Olafur Eliasson, dinamarquês nascido em 1967, que cria instalações em que o público participa de experiências relacionadas ao clima (umidade, temperatura, luminosidade). Em Nova York, em 2008, criou quatro cachoeiras artificiais para chamar a atenção das pessoas para o ambiente natural onde se movimentam sem consciência.

A pintura continuou a ter menos destaque, mas o trabalho do alemão Anselm Kiefer, que mais uma vez entrou no universo dos mitos em *Athanor*, painel feito para o Museu do Louvre, e o de pintores como Marlene Dumas e

Luc Tuymans, que lidam com as relações entre memória e história, são notáveis em qualquer época. Isso sem falar na pintura de veteranos como Lucian Freud, Gerhard Richter, Georg Baselitz, Francesco Clemente e outros mais. Além disso, entre colecionadores e museus, a fotografia cresceu bastante em termos de interesse e *status*, desde mestres como Brassaï, Bresson e Adams até os contemporâneos.

No Brasil, curiosamente os principais nomes são ligados à arte bidimensional. Na pintura, dois se destacaram bastante até pela repercussão internacional que atingiram: Beatriz Milhazes e Vik Muniz. A pintura de Milhazes mescla procedimentos do *pop* com referências ao artesanato brasileiro e ao universo feminino e leva o espectador a observar a superfície de distâncias diferentes. Vik Muniz também usa um recurso herdado da *pop art*, a réplica, ao recriar obras de artistas como Leonardo da Vinci e Monet com chocolate, geleia e outros materiais comestíveis ou perecíveis. Ao trabalhar com material reciclado e permitir que catadores de lixo interferissem em suas obras, ele trilhou outro caminho, que também causou muita repercussão. Na fotografia, o Brasil tem visto trabalhos muito próximos à pintura, como os de Miguel Rio Branco e Caio Reisewitz, os quais também têm atraído a atenção do público internacional.

Uma marca expressiva da arte bidimensional brasileira na década foi a explosão dos grafites, pinturas de rua feitas em muros e viadutos das grandes cidades. Gráficas e coloridas, muitas vezes inspiradas em HQs e mangás e em referências mais antigas, como a *Pop Art*, não raro combinadas entre si numa sintaxe que lembra o muralismo, elas chamaram a atenção de outros países. A dupla Osgemeos, por exemplo, expôs na Tate Gallery, em Londres, e começou a ser contratada para obras em residências privadas. Nomes como Nina, Zezão, Nunca, Titi Freak e Onesto se tornaram conhecidos dos cidadãos; alguns, como Onesto, foram homenageados em livros de arte. Galerias começaram a vender suas obras a preços cada vez maiores; algumas especializadas, como a Choque Cultural, surgiram e se destacaram. Diferentemente dos pichadores, os grafiteiros produziram obras que não exprimem apenas revolta ou exibicionismo, mas falam sobre as questões da cidade, misturando protesto e lirismo.

O teatro brasileiro tem se mostrado muito preocupado com temas sociais. Algumas das peças mais comentadas na primeira década do século XXI foram *Agreste*, de Newton Moreno (2004), sobre a paixão homossexual entre dois lavradores; a versão de Zé Celso para *Os Sertões*, de Euclides da Cunha (2006); e a adaptação de Antunes Filho do romance *A Pedra do Reino*, de Ariano Suassuna (2006). O sucesso de crítica de grupos de teatro como Os Satyros, em São Paulo, com peças como *A Vida na Praça Roosevelt*, confirmou esse olhar para a realidade social. Uma exceção, por seu caráter mais psicológico e cosmopolita, foi o espetáculo *Novas Diretrizes em Tempos de Paz* (2001), peça de Bosco Brasil que narra a chegada de um judeu polonês ao Brasil de Getúlio Vargas. Os demais destaques ficam por conta de montagens de clássicos com atores famosos, como *O Avarento*, de Molière, com Paulo Autran; *A Morte do Caixeiro Viajante*, de Arthur Miller, com Marco Nanini; e *Os Sete Afluentes do Rio Ota*, de Brecht, com Denise Fraga. Raras foram as boas montagens de textos contemporâneos – como no caso de *In On It*, do canadense Daniel McIvor, com Fernando Eiras e Emílio de Menezes.

A dança no Brasil teve ainda mais dificuldades, em termos de quantidade e qualidade de espetáculos. O principal grupo da década foi o Corpo, dos irmãos Pederneiras, de Minas Gerais, que concebeu belíssimas coreografias, como *Lecuona* (2004) e *Breu* (2007), nas quais mostrou o amadurecimento de sua linguagem requebrada com o acréscimo de linhas mais complexas. A cultura popular também foi reinventada nas coreografias de Antonio Nóbrega, Márcia Milhazes e Henrique Rodovalho. Em outra linha de trabalho, grupos como a São Paulo Companhia de Dança, criado em 2008, trataram de divulgar coreografias modernas, como as de George Balanchine e Jiri Kylián, para um público desabituado a vê-las; e também encomendaram outras inéditas a autores brasileiros.

NOVAS MISTURAS DA MODA

A TENDÊNCIA DA MODA NA primeira década do século foi não ter uma tendência específica. É difícil falar dela como se fala da moda dos anos de 1920, 1950 ou 1970. Mas houve tendências, no plural, e não uma diversidade absoluta, do tipo vale-tudo. A moda dos últimos dez anos se caracterizou pelo aprofundamento das misturas, movido por novas tecnologias e preocupações, o que gerou combinações inéditas ou, ao menos, renovadas. Referências de várias décadas do século passado ressurgiram, com abordagens e contextos diferentes. A multiplicação dos meios de comunicação, como blogs, também permitiu que os consumidores se informassem mais e quisessem roupas com *design*.

Uma característica marcante do período foi o que se convencionou chamar de *fast fashion* (moda rápida). Estilistas consagrados fizeram parcerias com grandes magazines para vender suas grifes a bom preço. Boa parte das marcas mais sofisticadas, que desfilam em eventos de moda cada vez mais badalados – como Lagerfeld, Luella, Lanvin, Marc Jacobs e Stella McCartney –, passou a ter uma linha mais acessível, apressando com isso a migração das tendências das passarelas até as ruas, incluindo ainda produtos de beleza e objetos de *design*. Isso explica também por que, em países como o Brasil, grandes grupos tenham surgido, unindo marcas de diversos estilistas, como AMC Têxtil (que comprou Colcci, Tufi Duek e outras) e InBrands (Ellus, Alexandre Herchcovitch, VR e outras).

Essa aproximação do polo do luxo e da alta-costura com o do consumo em larga escala se traduziu também nas tendências. O *high low*, ou mistura de coisas sofisticadas e populares, que nasceu com o modernismo e foi recorrente ao longo do século XX, ficou ainda mais forte. Na primeira metade da década, era possível ver, por exemplo, as mulheres usando no cotidiano uma combinação de *tailleur* com *jeans*. Nas praias, a década apresentou uma série de biquínis com toques "chiques", como drapeados, bordados e ornamentos. Elementos da noite, como paetês, passaram a aparecer também durante o dia, em casaquinhos; inversamente, peças como os macacões e os vestidos floridos saíram sob as estrelas. Itens do universo esportivo, como os tênis ou os "sapatênis", foram redesenhados para que pudessem ser usados com calças e paletós. A alfaiataria, por sinal, foi vista em diversos registros, como na combinação com *t-shirts* devidamente redesenhadas.

O constante reaproveitamento de décadas anteriores se expressa bem no hábito crescente de usar o termo "*vintage*", para se referir a peças antigas assinadas, e no *boom* dos brechós refinados. Misturada a essa tendência, houve a procura feminina por itens clássicos do vestuário masculino, como os sapatos Oxford e as calças *boyfriend*. O *revival* dos anos de 1980 foi particularmente forte, com o uso de ombreiras, *leggings* e cores "flúor" (de fluorescentes), mas o dos anos de 1970 não ficou muito atrás, com vestidões estampados ou tingidos em faixas ou manchas (*tie-dye* e *deep-dye*). Na moda masculina, os anos de 1950 foram uma referência constante, com suas gravatas finas e seus colarinhos curtos. Depois da crise de 2008, começou-se a discutir bastante uma volta ao minimalismo e ao *simple chic* dos anos de 1990, com formas e cores mais austeras, apostando em acessórios atraentes.

Misturas à parte, algumas roupas e acessórios deixaram marcas na década pela frequência com que foram usados por mais de uma temporada. Alguns exemplos são as *ankle boots*, botas de cano curto e salto; as calças *skinny*, coladas ao corpo; e os acessórios grandes, como maxibolsas e maxióculos. Todos, porém, tiveram períodos de desuso ou contrapontos ao extremo, como no caso das minibolsas (ressurgidas em 2010). Outra moda que apareceu em diversas estações e marcas foi a das estampas "étnicas", como os lenços palestinos de Balenciaga, a coleção africana de Herchcovitch e a chinesa de Louis Vuitton. A tecnologia também marcou diferenças. Muitos tecidos foram criados, como algodão empapelado e fibras sintéticas, e outros ganharam qualidade, como neoprene e couro.

Nenhuma tendência, porém, foi hegemônica. Mesmo o retorno de certo perfil romântico às roupas femininas, que muitos analistas atribuíram ao impacto de eventos como os atentados de 11/9/2001, não deixou de ser contrabalançado por peças de uso mais profissional ou por renovações de recursos andróginos. Depois de uma onda de camisas com jeito de camisolas, por exemplo, veio a de usar camisas sociais masculinas. Já o uso de tecidos tecnológicos, de caráter futurista, teve o contraponto de uma redescoberta de materiais artesanais (como os bordados de Isabela Capeto), rústicos, feitos à mão, que, assim como as peles sintéticas, conferem valor "ecologicamente correto" aos visuais. Do mesmo modo, se a década foi da *fast fashion*, muitas *maisons* europeias de alta-costura renasceram, revitalizadas por estilistas mais jovens, como Nicholas Ghesquière na Balenciaga, Stefano Pilati na Yves Saint-Laurent e Christophe Decamin na Balmain.

No Brasil, foi justamente em 2001 que a São Paulo Fashion Week ganhou seu nome (antes era Morumbi Fashion) e se firmou como o principal evento de moda no país, fortalecendo-se ao longo da década e, sob direção de Paulo Borges, tornando-se uma empresa valorizada. De início ainda tímida, dependente demais das criações estrangeiras e limitada em termos de matéria-prima, cortes e acabamentos, aos poucos a moda brasileira vista no SPFW ganhou alguma originalidade e sofisticação. Nomes como Herchcovitch, Glória Coelho, Ronaldo Fraga e Osklen combinaram inspirações locais com padrões internacionais e chamaram a atenção de críticos e compradores de outros países.

Na primeira década do século XXI, a moda, como nunca, entrou na moda.

COMER SE TORNOU SÉRIO NO século XXI. Os *chefs* mais destacados do período se ligaram profundamente às pesquisas experimentais, ampliando bastante o conhecimento científico sobre matérias-primas e métodos da culinária. A onda *gourmet* fez nascer cozinheiros amadores nos mais diversos países, pessoas que não apenas cozinham regularmente para os amigos, mas também têm cozinhas bem equipadas e criam pratos próprios. Parte deles se aventurou e foi além, montando pequenos restaurantes para uma dúzia de mesas. Movimentos como o *slow food* reagiram ao *fast-food*, e bistrôs com uma oferta de cardápio ao mesmo tempo menos convencional e menos cara também marcaram o período. Vinhos finos aumentaram de produção em países sem essa tradição, e o número de consumidores exigentes também se multiplicou. A busca de uma alimentação mais saudável se aliou à procura de sabores novos e variados.

Dos *chefs* mais falados, nenhum foi tão comentado como o catalão Ferran Adrià, do restaurante El Bulli, que em 2006 desbancou o lendário Fat Duck da lista dos 50 melhores do mundo pela revista *Restaurant*. Adriá, nascido em 1962, foi influenciado pela chamada "gastronomia molecular", que propõe uma "ciência da comida" ao analisar em laboratório os processos de cozimento, as reações químicas, as relações entre estado da matéria e seu sabor, etc. Mas Adrià sempre preferiu dizer que faz uma gastronomia "desconstrutivista", dedicada a "fornecer contrastes inesperados de sabor, temperatura e textura". O cliente está ali não para fazer uma refeição, mas para viver uma experiência. Um item comum em seu cardápio são as espumas, como as de café ou cogumelo, que dispensam o uso dos tradicionais azeite, alho e/ou manteiga. Combinações de quente e gelado, doce e salgado e cremoso e crocante são fundamentais em suas receitas, que contam com o uso de aparelhos com tecnologia de última geração.

Em 2010, o topo do ranking foi tomado de Adrià pelo restaurante Noma, de Copenhague, de René Redzepi, que também é herdeiro da *nouvelle cuisine*, por suas porções pequenas e inusitadas tanto em formas quanto em cores. Em 1999, Redzepi trabalhou no El Bulli. Em 2002, esse filho de dinamarquesa com albanês decidiu abrir seu próprio estabelecimento, no qual procura reinventar a tradição nórdica, combinando ingredientes e receitas clássicas com misturas heterodoxas.

No Brasil, um *chef* que ficou célebre por uma linha semelhante de trabalho é Alex Attala, de origem belga, que criou em São Paulo o restaurante D.O.M. e foi o único brasileiro a aparecer na lista dos 50 melhores. Buscando encontros da culinária internacional com as tradições brasileiras (bacalhau com feijão-preto, atum com palmito pupunha, linguado com maracujá, ostra com tapioca, sorbet de wasabi), Attala diz querer explorar sabores menos conhecidos – o que o leva a pesquisar frutas em Belém do Pará, por exemplo, porém não por compromissos nacionalistas ou regionalistas – e fazer casamentos inéditos entre produtos cotidianos.

Analistas dizem que esses *chefs* têm em comum o reaproveitamento da "cozinha de quintal" ou "territorial", que usa matéria-prima local, respeitando a sazonalidade de cada produto. Outra característica é que as refeições são planejadas como uma sequência, não em blocos separados, e muitas vezes o que normalmente apareceria numa sobremesa pode estar no prato principal e vice-versa; com isso, produtos menos valorizados são apresentados em novas formas e combinações. Pela mesma razão, a *fusion cuisine* – ou "cozinha étnica", que mistura tradições diferentes, como nos restaurantes que unem culinária japonesa e americana na Califórnia – foi outra tendência crescente. Os bistrôs, por sua vez, revalorizaram a comida caseira, benfeita, de receitas antigas, mas fazem parte do mesmo objetivo de retomar sabores autênticos, regionais.

Por mais que a gastronomia no início do século tenha mostrado uma coexistência de tendências, como as demais áreas da cultura, essa "volta à terra" faz parte de uma preocupação maior, recorrente no período. Trata-se de fugir da comida excessivamente cara e padronizada de restaurantes chiques e redescobrir a essência dos sabores, o frescor dos ingredientes, a abertura às novidades baseadas em tradições e testes. O movimento *slow food*, por exemplo, foi lançado nos anos de 1980, mas na primeira década do século XXI espalhou sedes por vários países, como o Brasil. Ele não apenas valoriza a degustação sem pressa, bem-educada, mas também os produtos de valor ecológico, como os orgânicos (que aos poucos vão ganhando escala e se tornando menos caros), livres de hormônios e pesticidas.

Outra tendência crescente foi a dos *chefs* de TV, com programas culinários de todos os tipos, que mesclam receitas, entrevistas e viagens. O apresentador inglês Jamie Oliver, por exemplo, cada vez mais mergulhou em projetos de caráter social e na defesa de uma alimentação mais saudável nas escolas, propondo a troca de *fast food* e produtos industrializados por orgânicos e comidas menos calóricas. Já outro *chef* inglês, Gordon Ramsay, em cinco temporadas de *Hell's Kitchen*, fez uma espécie de *reality show* de um restaurante conduzido com mão de ferro. Na TV brasileira, um dos destaques foi o francês Claude Troisgros, que adotou uma linha bem-humorada, com convidados famosos.

Grande controvérsia se viu no mundo dos vinhos, cada vez mais tomado pela ascensão dos "emergentes". Em concursos internacionais, países como Chile, África do Sul, Austrália, Argentina, Nova Zelândia e, claro, EUA começaram a receber medalhas e avaliações que antes eram destinadas apenas aos europeus, como os franceses, os italianos, os espanhóis, os alemães e os portugueses. Uvas como *cabernet sauvignon*, *pinot noir*, *shiraz*, *merlot*, *chardonnay* e *carménère* foram bem cultivadas em coordenadas novas. Críticos poderosos como Robert Parker acolheram a onda com notas altas, sendo acusado por *châteaux* tradicionais de favorecer vinhos mais frutados, com poucos taninos, de fácil apelo para o consumo. Esse foi o tema de documentários como *Mondovino* (2004), de Jonathan Nossiter, em que até especialistas franceses recomendam manipulações. De qualquer maneira, o número de vinhos bons e acessíveis aumentou bastante.

No Brasil, depois do choque dos importados nos anos de 1990, a evolução dos vinhos finos continuou principalmente na Serra Gaúcha. Vinhos de *merlot*, *cabernet*, *tannat* e outras varietais se adaptaram bem ao solo e ao clima, graças ao acesso às modernas técnicas de cultivo, e produtos jovens e consistentes. O destaque maior tem sido dos espumantes, feitos com *chardonnay* e *pinot noir*, em sua maioria, e há alguns ao estilo "prosecco" que atingiram patamar de qualidade internacional.

A PRIMEIRA DÉCADA DO SÉCULO XXI viu se acentuarem tendências de comportamento de muitos tipos. Foi, por exemplo, uma década em que cada vez mais mulheres chegaram ao poder (Michelle Bachelet no Chile, Angela Merkel na Alemanha, Dilma Rousseff no Brasil), e as diferenças entre os sexos na média salarial diminuiu, embora ainda persista. Foi também uma década em que o ativismo dos homossexuais adquiriu mais força, mobilizando milhões de pessoas em paradas *gay* realizadas em diversas metrópoles, como São Paulo, ainda que haja muito preconceito, como se viu em agressões homofóbicas na mesma cidade.

Outras mudanças comportamentais se relacionam ao aumento da expectativa de vida e do envelhecimento médio das mais diversas sociedades. Isso gerou desde controvérsias sobre o custo da previdência e do sistema de saúde pública em países como França e EUA até o crescimento da economia voltada à terceira idade, como no segmento turístico. Doenças como câncer e Alzheimer passaram a ser as causas de morte mais frequentes. Ao mesmo tempo, aumentou também a idade média para que os jovens deixem as casas dos pais, fenômeno que na Itália ficou conhecido como *mammoni*, em referência a adultos de até 35 anos que ainda vivem com as mães. Os casamentos passaram a ser realizados mais tarde, e os divórcios também cresceram proporcionalmente.

Outra consequência foi a ansiedade cada vez maior causada pela busca de saúde e pela vaidade, que é a responsável pelo aumento considerável nas ocorrências de cirurgias plásticas, como lipoaspiração de abdômen e implante de silicone, e de aplicações de substâncias como o botox. No mundo das celebridades, tais medidas se tornaram comuns. A chamada "indústria da beleza", que envolve cosméticos, remédios e todos esses recursos cirúrgicos e fisiológicos, esteve, por tudo isso, entre as que mais cresceram no período. No Brasil, o setor cresceu 80% de 2007 a 2010 e atingiu o valor de US$ 28 bilhões, tornando-se o terceiro maior do planeta, atrás apenas dos EUA e do Japão.

Por falar em celebridades, a multiplicação dos meios de comunicação ampliou ainda mais a curiosidade do público a respeito da vida de atores, músicos, políticos, apresentadores de TV, atletas e modelos. É cada vez mais comum que, além de exercerem as atividades que os fizeram famosos, eles participem de campanhas publicitárias e lancem linhas de produtos, como perfumes, joias e roupas. Novos instrumentos de comunicação, como Twitter e Facebook, foram rapidamente transformados em canais de divulgação. Por outro lado, assim como os celulares com câmera e filmadora, eles também expuseram ainda mais a vida privada dessas pessoas. Houve casos que se tornaram polêmicos, como o da modelo e apresentadora brasileira Daniela Cicarelli, que foi filmada durante o ato sexual numa praia, teve as imagens veiculadas na internet, entrou na Justiça e conseguiu que o vídeo fosse retirado do site YouTube. A mesma situação ocorreu com a *socialite* Paris Hilton, que dali em diante se tornou famosa e até se tornou garota-propaganda no Brasil.

A tecnologia da informação modificou muitas outras coisas. Os *games*, por exemplo, alcançaram novos níveis de sofisticação em consoles como *PlayStation* e *Wii*, em versões portáteis como DS e DSi, em aparelhos sem controles como Kinect e em produtos como *Guitar Hero* e a série *Super Mario Bros*. Simulações de enredos de filme, jogos de futebol, shows ao vivo e pilotagem de avião, entre outras, ficaram mais e mais precisas. Também nos computadores pessoais os *games* disponíveis pela internet ficaram mais elaborados, além de comunidades virtuais de marcas como Disney, em que assinaturas semestrais ou anuais permitem a interação das crianças.

A computação, na verdade, modificou hábitos e valores em todas as profissões. De biólogos a lojistas, passando por cineastas, arquitetos e, claro, escritores e jornalistas, todos trabalham diante de uma tela de PC hoje em dia. Engenheiros projetam pontes com raio *laser*, físicos constroem modelos subatômicos, neurologistas escaneiam o cérebro. O chamado "dinheiro plástico", na forma de cartões de débito e crédito com *chips*, tomou o lugar do papel-moeda e, sobretudo, dos cheques na hora do pagamento. Nas empresas, os setores de TI foram os que mais cresceram em importância estratégica e número de empregados. A compra de produtos como livros, discos e eletrônicos em sites como Amazon cresceu exponencialmente. E as formas de contato virtual entraram na cultura cotidiana de modo irreversível.

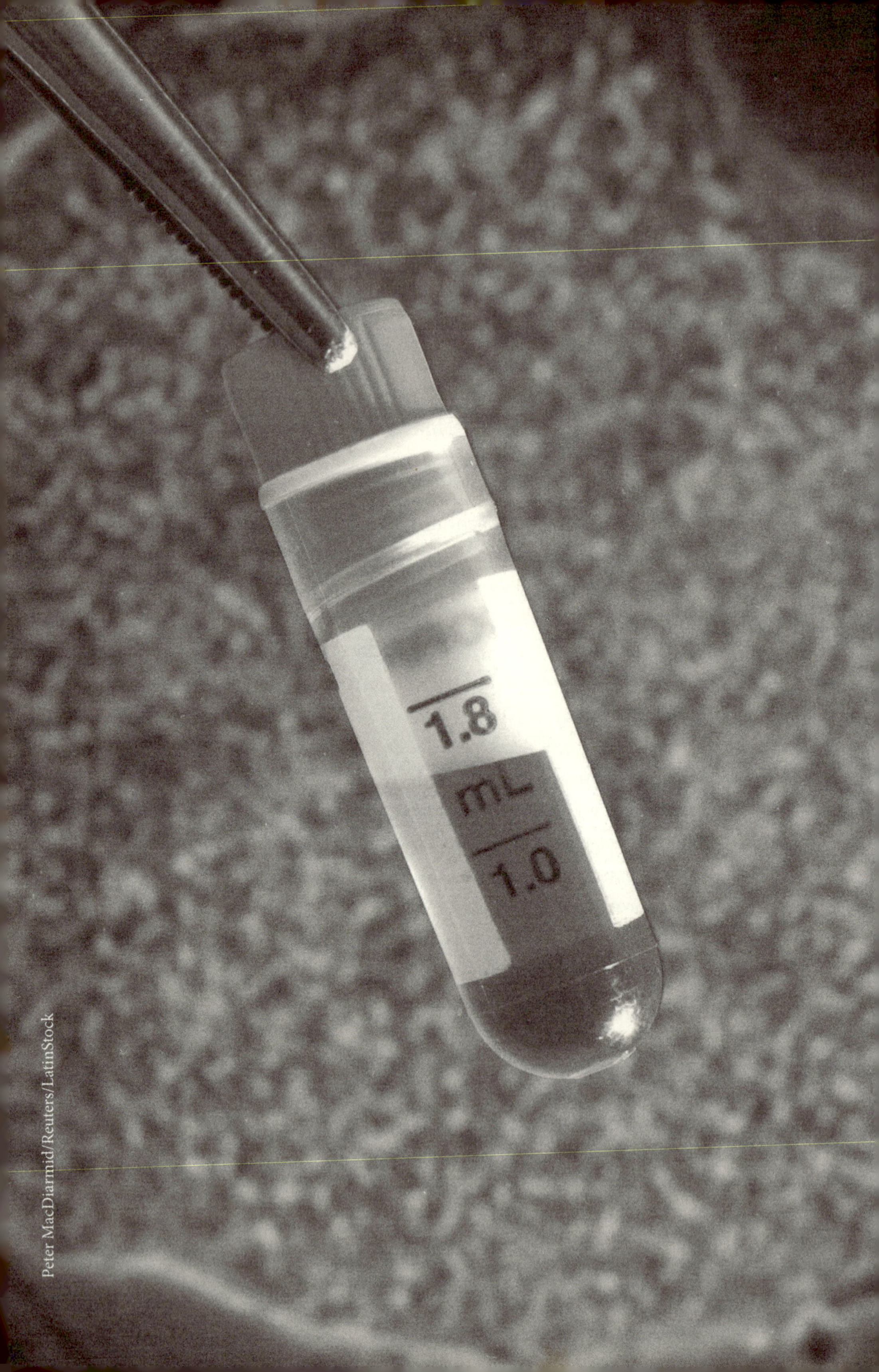

Peter MacDiarmid/Reuters/LatinStock

3 / CIÊNCIA & TECNOLOGIA

UM DOS ACONTECIMENTOS MAIS NOTICIADOS e comentados da primeira década do século XXI foi a conclusão, em 2003, do Projeto Genoma Humano, conduzido por uma equipe internacional e multidisciplinar, sob patrocínio de US$ 3 bilhões do governo dos EUA. Um rascunho da pesquisa tinha sido apresentado em 2000 pelos presidentes Bill Clinton e Tony Blair, mas apenas em abril de 2003 o projeto foi oficialmente concluído, dois anos antes do prazo previsto. Nele foram também sequenciados os genes da bactéria *Escherichia coli*, do camundongo e da mosca-da-fruta. O último cromossomo humano foi decifrado em 2006. Outro projeto semelhante, que correu paralelamente, causando grande polêmica, foi o da empresa Celera, do empresário Craig Venter, que defendia o patenteamento dos genes.

O sequenciamento não teria sido possível sem as ferramentas desenvolvidas com as mais modernas tecnologias, com a aplicação de modelos estatísticos e conceitos da ciência da computação. Os resultados mais importantes trouxeram muitas novidades para o conhecimento. Por exemplo, o ser humano tem cerca de 20.500 genes, quantidade semelhante à dos ratos. De 1,1% a 1,4% do material se destina a copiar proteínas, das quais apenas 7% são de famílias encontradas exclusivamente no homem. E ele tem mais duplicações de segmento (seções repetidas de DNAs) do que qualquer outra espécie. Tais resultados trouxeram a possibilidade de decifrar as variações genéticas presentes em diversas doenças – como o câncer de pulmão e o melanoma – e desenvolver medicamentos e terapias para combatê-las. Também levantaram dúvidas sobre a inutilidade do chamado “DNA-lixo”, material cromossômico que serviria apenas para regular a atividade genética.

O projeto teve participação do Brasil, onde estudiosos da USP e da Unicamp, entre outros centros, sequenciaram os 2.700 genes de uma bactéria, *Xilella fastidiosa*, responsável por uma doença chamada “amarelinho”, que atinge plantações de laranja. Foi o primeiro país a mapear o código genético de uma bactéria, graças ao trabalho de 34 laboratórios financiados pela Fapesp (Fundação de Amparo à Pesquisa de São Paulo) durante três anos. Agora o trabalho se concentra em entender como a sequência funciona, ou seja, quais genes produzem as proteínas. Os genes da *Xanthomonas* citri, causadora do cancro cítrico, que prejudica as colheitas de laranja, feijão, arroz e maracujá, também estão sendo mapeados por esses laboratórios. Outro projeto promissor é o estudo genético da cana-de-açúcar, que pode desvendar o metabolismo da sacarose e permitir que seja induzido em outras plantas. O Brasil também tem papel importante no Projeto Genoma de Câncer, que analisa células tumorais obtidas no Hospital do Câncer para identificar as mutações mais comuns.

Outra fonte de esperanças e polêmicas foram as pesquisas com células-tronco – células que podem se transformar em outros tecidos do corpo e são encontradas na medula óssea, no cordão umbilical e em outros órgãos. O potencial terapêutico dessas pesquisas já vem sendo comprovado, tanto nas células-tronco adultas como nas embrionárias. No Brasil, são permitidas pesquisas com células produzidas a partir de embriões humanos desde que sejam inviáveis ou estejam congelados por mais de três anos e desde que haja consentimento dos pais. Em 29 de maio de 2008, o Supremo Tribunal Federal confirmou a lei como sendo constitucional.

O maior temor culturalmente espalhado pelas populações a respeito da manipulação genética é a clonagem humana. Depois da clonagem da ovelha Dolly, anunciada em 1997 pelo instituto escocês Roslin, muito se falou sobre essa possibilidade. Ela foi o primeiro mamífero clonado a partir de célula adulta. Em 2003, com uma espécie de artrite degenerativa, teve de ser abatida. Os cientistas não chegaram a uma conclusão sobre se esse envelhecimento teria relação com a técnica de clonagem utilizada. Mas o medo da clonagem humana já tinha aparecido, como retratado na telenovela brasileira *O Clone* (2001-2002), em que o personagem de Juca de Oliveira, dr. Albieri, inspirado em caso real (o médico italiano dr. Antinori, que anunciou a clonagem de três embriões humanos, mas jamais apresentou provas), clona um rapaz e é acusado de "brincar de ser Deus".

As reações se expandem a outros tipos de interferência genética, como nos alimentos transgênicos ou "geneticamente modificados", aos quais muitos se opuseram porque teriam impacto no meio ambiente ou na saúde das pessoas. Os defensores lembraram as vantagens de plantas que necessitam de menos agrotóxicos e produzem mais em menor área. Hoje, os transgênicos são muito comuns – como no Brasil, onde segue esse tipo de cultivo em tomates, algodão e diversos outros produtos alimentares –, e não houve até agora prova alguma de malefícios. Já a clonagem terapêutica – que obtém tecidos e órgãos a partir de células manipuladas em laboratórios, as quais são posteriormente introduzidas em pacientes que precisam de transplante – foi aprovada em diversos países, como no Brasil, e vem apresentando resultados positivos, como nas terapias genéticas contra a cegueira inata.

ALGUNS DESAFIOS DA MEDICINA MUDARAM consideravelmente ao longo da década. Além de campos novos, como as terapias genéticas e as células-tronco, o perfil de muitas populações tem se transformado: a porcentagem de pessoas mais velhas aumentou, levando ao aumento de doenças relacionadas, como Alzheimer e câncer; e a questão da obesidade se tornou um assunto grave de política pública, sendo caracterizada como "epidemia" em alguns países, como nos EUA, onde o consumo de produtos industrializados e gordurosos e os hábitos sedentários fazem com que um terço da população sofra de obesidade (em que o índice de massa corporal ultrapassa 30 pontos) e a sociedade gaste US$ 140 bilhões por ano em prevenção e tratamento de males associados.

No entanto, outra campanha pública, esta contra o tabagismo, tem obtido melhores resultados. No Brasil, de 1990 a 2010, o número de fumantes caiu 40%. Mesmo em países onde não existe lei antifumo, como nos EUA, medidas de restrição do vício em lugares públicos e campanhas de conscientização ajudaram esse índice a cair. Outro sucesso de saúde pública na primeira década se deu no combate a doenças do coração, cuja incidência mundial baixou 25% de 2000 a 2009. Nesse caso, os maiores responsáveis são os novos remédios (como a Sinvastatina), aparelhos (como o *stent*) e procedimentos (como o pronto atendimento com anticoagulantes) a que a população em geral passou a ter acesso. Alertas e controles sobre os níveis de colesterol no sangue – como o uso da estatina – também contribuíram muito.

Mesmo no tratamento de uma doença que tem matado cada vez mais pessoas, o câncer, houve avanços relevantes. Para bloquear o avanço do câncer de mama, por exemplo, novas drogas se mostraram muito eficazes. Também a descoberta de que tratamentos como a reposição hormonal poderiam levar a doenças como o câncer ou as do coração provocou uma revisão no tema e evitou mais problemas. No caso da aids, o coquetel para portadores do vírus HIV também aumentou sensivelmente a sobrevida saudável. O Brasil foi um dos países que mais se destacaram nesse progresso; ao menos 56 países estabilizaram ou conseguiram reduções significativas nas taxas de infecções por HIV.

Os avanços tecnológicos foram bem visíveis nas mais diversas áreas. O acesso a cirurgias a *laser* para correção de miopia e catarata, por exemplo, mudou a rotina da oftalmologia. A neurologia passou a escanear com precisão cada vez maior as atividades cerebrais. Vacinas para vírus como HPV e H1N1 foram desenvolvidas. Algumas técnicas evitaram transplantes de órgãos, como microembolização e cirurgias não invasivas, que se limitam a fazer pequenas incisões e são monitoradas por imagens, muitas vezes acompanhadas a distância por outros membros da equipe.

Os robôs, por sinal, começaram a ser presença frequente em salas de cirurgia. Mãos metálicas podem realizar suturas no coração, com diminuição de riscos e aumento da precisão. No campo das próteses, bem como no dos tecidos sintéticos, as novidades foram muitas – como a anunciada em 2009 pelo italiano Paolo Maria Rossini, que criou uma mão artificial que o paciente manipula por comandos cerebrais e da qual ainda recebe *feedback* tátil, como a percepção de estar sendo espetada.

O evento mais noticiado dos últimos dez anos foi o primeiro transplante de face humana da história, em novembro de 2005. Atacada por um cachorro, Isabelle Dinoire, uma francesa de 38 anos, tinha perdido nariz, lábios e queixo. Tecidos, músculos e artérias foram retirados de um paciente com morte cerebral e transplantados para a base do rosto dela. Sem poder falar nem comer propriamente desde o acidente, a paciente concordou em receber a pele de um doador porque o mesmo resultado não seria obtido com pele de outra parte do corpo.

A cirurgia foi muito criticada em termos éticos, estéticos e técnicos; alguns especialistas disseram que os imunossupressores poderiam não se adaptar aos novos vasos sanguíneos. Mas o marco ficou – tanto que novas cirurgias, bem-sucedidas, foram realizadas desde então – e permitiu o surgimento de uma série de possibilidades para vítimas de acidentes e queimaduras.

OS ANOS DE 1990 FORAM batizados como "a década do cérebro", mas de 2001 a 2010 o avanço da neurologia não foi menos surpreendente. O período todo confirmou uma descoberta da maior importância: o cérebro humano é bem mais plástico – mais maleável e mutável – do que se imaginava. Em qualquer idade, responde intensamente a estímulos externos e cria novas conexões. Essa neuroplasticidade, segundo os estudos mais recentes – facilitados por tecnologias como a tomografia por emissão de pósitrons –, é modulada apenas em parte por fatores genéticos, embora mudanças na dinâmica, as quais influenciam a expressão dos genes, mas não alteram a sequência de DNA (chamadas "epigenéticas"), também sejam determinantes. Fatores como a criação paterna, a alimentação, o estresse e o uso de drogas podem afetar uma pessoa, causando doenças ou desordens, porém sem afetar o genoma.

A complexidade do circuito neuronal humano é resultado de uma ação evolutiva na qual o processamento de informações vindas do ambiente social desempenhou papel fundamental. Muitos estudos da última década se dedicaram a entender, por exemplo, como alguns eventos alimentares modificaram a história do cérebro humano, como o desenvolvimento da agricultura (que marcou diferença em relação ao nomadismo dos primeiros humanos) e a ingestão de carnes (cuja proteína teria impulsionado o aumento da massa encefálica) e outros nutrientes cozidos. Pesquisas antropológicas também apontaram nesse sentido.

Outra descoberta anterior que foi expandida ao longo da década é a dos neurônios espelho, confirmada por imagens de ressonância magnética funcional. São os neurônios responsáveis pela imitação e pela empatia, normalmente ativados como resposta a uma ação ou à observação de uma ação. Eles estariam presentes em diversas áreas do cérebro, incluindo o córtex somatossensorial, que permite ao observador sentir o que outro sente. O cérebro passou, assim, a ser visto menos como um computador, em que memória e processamento ocupam áreas distintas, e mais como um sistema aberto, no qual as informações que chegam ao corpo constantemente perturbam o estoque de reações. Por esse motivo, a neurologia se aproximou cada vez mais de outras áreas do conhecimento.

Foi o que se viu em livros como *Fantasmas do Cérebro*, de V. S. Ramachandran; *O Mistério da Consciência*, de António Damásio; *Como a Mente Funciona*, de Steven Pinker; e *Second Nature*, de Gerald Edelman. Eles tentaram mostrar – como Oliver Sacks já vinha fazendo desde os anos de 1970 – que lesões cerebrais provocam mudanças de comportamento e redistribuição de funções mentais; ou seja, que não se pode separar a fisiologia neuronal e o que chamamos de consciência.

Mas há diferenças importantes entre eles. Para Ramachandran, o papel do chamado neurônio espelho é importante porque confirma que o cérebro é um órgão aberto, "social", que interage constantemente. Para Damásio, é a própria regulação hormonal e emocional do corpo que permite o funcionamento mental e a ação de uma consciência "expandida", mais articulada, no córtex. Pinker prefere dar ênfase às inclinações biológicas de boa parte dos nossos comportamentos, até mesmo morais, o que causou muitas críticas por ele ter ido além do que as pesquisas comprovam. O pesquisador também ganhou leitores por contrariar a tendência das ciências sociais de dizer que não existe a chamada "natureza humana" e afirmar que somos apenas o que a sociedade quer que sejamos. Edelman defende o que chama de "darwinismo neural": a consciência é um processo de seleção que se comporta de acordo com as leis da evolução.

No Brasil, o neurologista que mais obteve projeção internacional foi Miguel Nicolelis, da Duke University, nos EUA, que em 2007 criou o Instituto de Neurociências de Natal. Nicolelis trabalha com a interface entre cérebro e máquina e desenvolveu braços robóticos que podem ser comandados a distância, controlados por sinais cerebrais como um macaco que manipulava um *joystick*. Para ele, o cérebro trabalha com "populações neuronais", não com regiões anatomicamente separadas; funciona por meio de intensos diálogos modulares, como numa "democracia" em que as células se movimentam para uma direção comum. Além das sinapses, que fazem as ligações químicas entre os neurônios, eles se comunicam por propagações elétricas, através das membranas.

Com isso, Nicolelis quer mostrar que no cérebro não existe um sistema binário, como nos computadores, mas uma rede de decisões altamente complexa, participativa. "O cérebro", diz ele, "é o líder do corpo." Daí sua discordância em relação ao pensamento de Damásio, Pinker e Edelman, que ainda estariam presos à visão do cérebro dividido anatomicamente em funções especializadas, de circuitos muito limitados. Em Natal, Nicolelis e seu parceiro Sidarta Ribeiro montaram um centro de estudos de símios para poder comprovar essas hipóteses.

A ANTROPOLOGIA DA PRIMEIRA DÉCADA do século foi marcada por descobertas que a modificaram profundamente e, na realidade, ainda estão por ser entendidas. A mais significativa delas foi a do ancestral batizado de "Ardi", de *Ardipithecus ramidus*, um fóssil de esqueleto encontrado na Etiópia nos anos de 1990, o qual em 2009 se comprovou pertencer à família dos hominídeos, de cerca de 4,5 milhões de anos atrás. Era uma fêmea de 1,15 metro e 27 quilos, da qual se preservaram 125 peças ósseas, incluindo crânio, mãos e pés em excelente estado. Até então não se tinha encontrado um parente do homem tão próximo dos chimpanzés. No entanto, Ardi se locomovia em pé, não apoiada nos dedos. "Nem macaca, nem mulher", resumiram os pesquisadores. Ardi desbancou Lucy como ancestral mais antiga do ser humano entre os fósseis encontrados.

Outros achados ainda são alvos de muitas controvérsias. No deserto de Djurab, no Chade, entre 2001 e 2002, foram encontrados os fósseis de uma espécie batizada pelos descobridores de *Sahelanthropus tchadensis*. Ela seria a primeira depois da separação entre chimpanzés e hominídeos há cerca de 5,4 a 6,3 milhões de anos, mas não há consenso de que os fósseis pertençam à árvore dos hominídeos, até porque alguns datam de 7 milhões de anos atrás. São um pequeno crânio, cinco pedaços de mandíbula e alguns dentes, cuja combinação revela traços primitivos (rosto achatado, arcada em U, caninos pequenos, etc.) muito distantes dos encontrados no *Homo sapiens*. O volume do cérebro, que seria de 320 a 380 cm^3, também é mais compatível com o dos ancestrais dos chimpanzés. As dificuldades de montar um modelo em 3D com os poucos fósseis também atrapalham, já que não há nenhum osso abaixo do crânio que possa ajudar a indicar se o *Sahelanthropus* era bípede como "Ardi".

No Brasil, uma das principais descobertas paleontológicas foi feita em 2008, em Coração de Jesus (MG): o esqueleto de um titanossauro que teria vivido há cerca de 110 a 130 milhões de anos, no início do período Cretáceo. Ele foi batizado de "Tapuiassauro" – e depois exposto ao público – pela equipe do Museu de Zoologia da Universidade de São Paulo (USP). Durante cinco anos, 18 ossos e 47 fragmentos foram escavados e combinados para recriar o espécime. Por sorte, o crânio, de apenas 50 centímetros, permaneceu inteiro, fato único na história da paleologia brasileira. A reconstrução chegou a um animal herbívoro, com 13 metros de comprimento e 4 metros de altura, de cauda e pescoço longos.

Outro titanossauro encontrado no Brasil nos dez primeiros anos do século é o *Uberabatitan ribeiroi*, cujo fóssil foi escavado também em Minas Gerais, próximo de Uberaba, na estrada que liga Santos a Brasília, entre 2004 e 2006. A espécie também era muito grande: de 15 a 20 metros de comprimento, 3,5 metros de altura e peso calculado entre 12 e 16 toneladas. Viveu no Cretáceo Superior há 65 milhões de anos. Sua réplica foi montada e exibida pela Universidade Federal do Rio de Janeiro.

Em 2001, no município de Agudo, no Rio Grande do Sul, foram encontrados fêmures da perna direita de uma espécie que, por isso, foi batizada de *Sacisaurus agudoensis*. Em 2006, a USP de Ribeirão Preto anunciou a reconstrução do esqueleto a partir dos 50 ossos encontrados, e o resultado foi aprovado pela comunidade científica internacional. O "Sacissauro" viveu há 220 milhões de anos, no período Triássico, e tinha 1,5 metro de comprimento e 70 centímetros de altura, era veloz e herbívoro. Até hoje é o mais antigo dinossauro encontrado no Brasil.

UM DOS ASSUNTOS DA ASTRONOMIA de maior repercussão junto ao grande público foi a mudança de classificação de Plutão, em 2006. Por ter massa relativamente pequena, sua classificação como nono planeta do Sistema Solar já era contestada. Com a confirmação em 2005, por um grupo de cientistas no Observatório de Palomar, na Califórnia, da existência de um corpo celeste que batizaram de Éris, na região do Sistema Solar conhecida como "disco disperso", a mudança foi inevitável. Éris é um planeta anão que tem mais ou menos o mesmo diâmetro de Plutão, a mesma órbita excêntrica (que se afasta e se aproxima bastante do Sol com uma elipse bastante acentuada) e 27% mais massa. Outro planeta anão cuja observação foi confirmada em 2005 é Ceres, no cinturão de estrelas entre Marte e Júpiter, o qual apresenta uma complexidade até então desconhecida.

Essas observações obrigaram a União Astronômica Internacional a rever o conceito de planeta, que passou a ser definido como um corpo que orbita uma estrela, arredondado pela força da gravidade e com uma vizinhança relativamente limpa de objetos menores, o que exige ter mais de 4.000 quilômetros de diâmetro. Esse último requisito foi o que levou Plutão a ser reclassificado como planeta anão: ele orbita o Sol e é redondo, mas tem diâmetro de 2.300 quilômetros e muitos objetos em sua própria órbita. Com isso, o número oficial de planetas do Sistema Solar caiu de nove para oito.

Outro planeta que foi notícia, mas pelo que revelou e não pelo que perdeu, foi Marte. Uma sonda europeia que chegou ali no final de 2003, a Mars Express, detectou a presença de água congelada na superfície do planeta. Em 2004, foi a vez de dois robôs de exploração, o Spirit e o Opportunity, confirmarem a umidade do solo, que também é desprovido de acidez, o que o torna favorável à existência de vida orgânica. As camadas apresentam depósitos de cinza vulcânica e sedimentos que podem ter sido causados por ação de vento ou água. Uma das crateras teria sido, segundo a Nasa, um antigo mar salgado. Para 2018 já há planos de levar missões tripuladas ao planeta.

O universo se mostrou ainda repleto de coisas a descobrir. Graças ao telescópio Hubble, por exemplo, conseguiu-se tirar a primeira foto de um "exoplaneta", ou seja, um planeta fora do nosso sistema solar, na constelação Piscis Australis, a 25 anos-luz. Também na constelação Pegasus teriam sido detectados outros três exoplanetas. Em 2009, outra descoberta que empolgou a comunidade astronômica foi a de um planeta que seria duas vezes maior que a Terra, composto de água líquida em grande parte e orbitando uma grande estrela vermelha. Designado como GJ1214b, ganhou logo a alcunha de "Super-Terra".

No campo teórico, os debates se concentraram nas tentativas de conciliar a Teoria da Relatividade e a Física Quântica. Uma dessas tentativas, a Teoria das Cordas, que propõe um universo multidimensional estruturado por uma forma vibrante comum, foi muito contestada. Outros físicos de renome, no entanto, vieram a público dizer que a procura dessa "teoria do tudo" é contraproducente, pois faz parte do vício da mente humana de querer um sistema fechado que responda a todas as questões. Um dos críticos é o brasileiro Marcelo Gleiser, que no livro *Criação Imperfeita* atribui esse vício à "bagagem monoteísta", que acredita que a humanidade seja capaz de conhecer tudo. Outro que atacou essa busca da teoria definitiva foi a dupla Stephen Hawking e Leonard Mlodinow, para quem só se pode chegar a "uma família de teorias interconectadas, cada uma descrevendo a própria versão da realidade".

Esses críticos discordam da expectativa depositada no experimento mais caro e mais comentado da primeira década do século XXI: a construção do acelerador de partículas em Genebra, na fronteira da Suíça com a França, o chamado LHC (Large Hadron Collider), túnel de 27 quilômetros de circunferência a 175 metros sob o solo. Depois de algumas falhas na inauguração em 2008, a partir de 2009 ele começou a atingir velocidades recordes ao fazer colidir feixes de prótons. Quando essa velocidade ficar próxima à da luz, será como recriar o *Big Bang*, a explosão de energia que teria dado origem ao universo (o que fez muitos leigos temerem pelo fim do mundo). Essa recriação permitiria observar a existência de uma partícula hipotética, conhecida como bóson de Higgs, que é a única ainda não detectada pelo modelo padrão da física subatômica. Se for percebida, comprovará as relações entre matéria e energia, a presença de quatro forças fundamentais na natureza e a massa de todas essas partículas. Por isso, foi chamada de "partícula-Deus", por ser considerada como uma chave para entender o universo.

No entanto, o modelo padrão não trata de outra força essencial, a gravidade. Aqui entra outra série de projetos em alta ao longo da década, como o Xenon 100 (da Universidade Califórnia) e o Lux (Brown University), que começaram a investigar o que compõe a matéria escura, que corresponderia a 23% da densidade do universo. Suas partículas seriam responsáveis pelas interações gravitacionais que aproximam estrelas e planetas, formando sistemas e galáxias dentro de um universo em expansão, como tem sido comprovado pelas observações experimentais. Também a energia escura – que equivaleria a 73% do universo e, pelo fato de se opor à gravidade, seria responsável pela expansão dele – tem sido procurada por pesquisadores, como o grupo internacional Dark Matter Survey, do qual participam brasileiros em observatórios como o de Cerro Tololo, no Chile.

POUCAS COISAS DEFINIRAM TÃO BEM a década quanto a expansão e a consolidação da internet no dia a dia de pessoas no mundo todo, principalmente a partir do lançamento comercial da banda larga, em maio de 2000. Isso permitiu acesso de alta velocidade à *web* – a rede mundial de computadores –, a serviços em vídeo, áudio e animação e a comunidades interativas inexistentes na década anterior. Mas não foi apenas uma mudança no cotidiano dos consumidores: foi uma transformação profunda, e ainda por ser inteiramente compreendida na economia.

Basta ver que a empresa mais valiosa do mundo hoje é o Google, que em 2009 foi avaliada em US$ 100 bilhões, seguida de longe pela Microsoft, empresa de software e computadores, com valor estimado em US$ 76 bilhões. Ambas ficaram acima da Coca-Cola (US$ 67 bilhões), que apareceu apenas um bilhão à frente de outra empresa de computação, a IBM, que, por sua vez, é seguida de perto por McDonald's e Apple. Diante da lista das 25 empresas mais valiosas divulgada pela Millward Brown, as empresas de tecnologia - que incluem ainda Amazon, Facebook, Intel e Oracle - e também as de telefonia (China Mobile, Vodafone, Nokia, Blackberry) e uma de entretenimento (Disney) tomaram ou dividiram os lugares antes ocupados pelas grandes indústrias de automóveis e alimentação, bancos, supermercados e marcas de produtos, como Gilette e Marlboro. A nova economia deixou de ser nova.

Das marcas de internet mais valiosas, a mais antiga é a Amazon, lançada por Jeff Bezos em 1995. A empresa teve início como livraria virtual, mas hoje vende CDs, DVDs, eletrônicos e diversos outros produtos. O Google foi criado em 1998 por Larry Page e Sergey Brin, mas só em 2004 teve sua oferta pública inicial e se tornou sinônimo de "ferramenta de pesquisa" ou "motor de busca", que depois se expandiu para diversos serviços correlatos (como Google *Maps*, Google *Earth*, *Gmail*, etc.), mantidos por publicidades, o que torna a empresa altamente rentável. No mesmo ano Mark Zuckerberg e três colegas criaram o Facebook, um site de interação social que ultrapassou o Orkut como o dono do maior número de usuários do mundo. Outras marcas que se consagraram na rede são o YouTube, site de compartilhamento de vídeos fundado em 2005 e comprado pelo Google pouco mais de um ano depois; e o *eBay*, o mais popular site de comércio eletrônico desde 1998.

Nascidos no meio das universidades americanas (Stanford para o Google, Harvard para o Facebook), esses sites que caracterizaram a internet na primeira década do século XXI também levaram alguns analistas a cunhar termos como "*web* 2.0" e "*wiki*" para se referir ao seu caráter interativo, em que os usuários constroem o conteúdo colaborativamente (como na Wikipedia, do Google, em que os controversos verbetes são escritos, revistos e atualizados por qualquer pessoa), vídeos (caso do YouTube, que não poucas vezes foi obrigado a retirar os que continham pornografias e piratarias) e fóruns de debate (*chats*). Outro grande exemplo dessa *web* mais comunitária é o Twitter, criado pelo empresário Jack Dorsey em 2006 como uma espécie de microblog, ou melhor, como serviço público de mensagens, para frases de até 140 caracteres.

Tais redes sociais têm sido alvos de muitas críticas, assim como os blogs, que surgiram no fim dos anos de 1990 e hoje já somam mais de 120 milhões de endereços. Livros acusaram o "culto do amador", o excessivo número de palpites, boatos e insultos que correm pelos computadores. Outras análises apontaram para "o fim da privacidade", por exemplo, diante de casos de imagens captadas por celular, muitas vezes sem o conhecimento dos envolvidos, as quais foram divulgadas na internet. Também as celebridades que usam recursos como Facebook e Twitter para divulgar suas ações ou simplesmente dar bom-dia e comentar o tempo foram criticadas, da mesma forma que funcionários de empresas que decidem criticar o patrão.

Outra crítica comum é a de que a internet incentiva o sedentarismo, a dispersão e, com elas, a solidão. Pesquisas mostram que cada vez mais os jovens passam seu tempo diante do computador, trocando mensagens ou permanecendo alguns segundos em cada página, em vez de ficar diante da TV ou exercer atividades ao ar livre e em grupo. Mesmo que essas ferramentas de comunicação tenham tido papel importante em movimentos políticos, principalmente entre os jovens, para reagir a governos autoritários ou protestar contra atos demagógicos, a maioria dos especialistas se concentra nas ameaças ao convívio e ao debate.

No entanto, essa é a realidade atual. Praticamente todas as marcas do mundo hoje têm site próprio, *links* no Google, páginas de blog e perfis no Facebook e no Twitter. O comércio eletrônico movimenta cada vez mais dinheiro; só no Brasil, em 2009, o volume de compras e vendas virtuais ultrapassou R$ 10 bilhões, cerca de 50 vezes mais que em 2001. Estudantes pesquisam na internet; estudiosos cooperam por meio dela a partir de vários países; produtos editoriais são lançados; acervos de textos e imagens são dispostos ao grande público pela primeira vez. Essa interação permite também que os usuários utilizem serviços de armazenamento e processamento por meio da rede, sem necessidade de instalar programas no arquivo de seu computador. Essa partilha remota é chamada de "computação em nuvem".

Em termos econômicos, a internet pôs na moda um conceito da estatística, o *long tail* (cauda longa), uma curva que demonstra que há grande procura por poucos produtos e pequena procura pela maioria dos demais, o que separa as linhas de lucro e prejuízo. Segundo Chris Anderson, em artigo e livro de 2004, sites como Amazon mudam esse comportamento econômico ao atender tanto ao consumidor de segmentos pequenos, muitas vezes com lucros bastante significativos, como ao que procura produtos em grande escala. Baseadas nisso, estratégias como a do "*marketing* viral" – que usa redes sociais para replicar marcas num processo de ramificação que se autoalimenta – se tornaram usuais nas empresas. Não se trata mais de escolher entre um produto de massa ou um de nicho.

A MULTIPLICAÇÃO DOS *GADGETS*

AO LONGO DOS DEZ PRIMEIROS anos do século XXI, nossa vida passou a ser cada vez mais povoada por aparelhos eletrônicos. Até os anos de 1990, uma casa tinha eletrodomésticos, TVs (que, no Brasil, passaram a ganhar canais por assinatura depois de 1995), aparelhos de som, videocassetes (trocados por aparelhos de DVDs a partir de 1997), telefone fixo. Ainda se viam poucos telefones celulares (hoje em maior número que a população brasileira) e computadores pessoais com acesso à internet (que somaram 67 milhões de usuários no país em 2009). Mas não foram apenas os celulares e os computadores que se espalharam para todas as classes e regiões; diversos outros *gadgets* (dispositivos) passaram a fazer parte da rotina das pessoas.

Esses computadores e celulares também mudaram muito. Hoje os computadores pessoais têm acesso a banda larga, softwares para rodar vídeos e digitalizar músicas, tocadores de DVDs, programas para tratamento de fotos, apresentações de trabalho e palestra, planilhas para controle de orçamento; além de HD externo e *pen drive*, que possibilitam armazenar arquivos digitais em grande quantidade. Os celulares também oferecem internet, trocas de mensagens (SMS ou torpedo), câmeras para fotografar e filmar, calculadora, agenda, mapas, jogos, editor de texto e GPS. Isso sem falar em jogos, consoles e outros suportes cada vez mais refinados com os quais as crianças se familiarizam desde cedo.

Uma das empresas que mais se destacam na criação de dispositivos que se transformam em novas plataformas de conteúdo e entretenimento é a Apple. Três produtos de sua linha, de *design* sofisticado e funcional, se tornaram objetos de desejo ou imitação: o iPod (2001), um tocador portátil de áudio digital que comprime músicas em pouca memória e é frequentemente usado para caminhar e correr, mas também vem substituindo os aparelhos de som e os CDs em bom número de domicílios; o iPhone (2007), que investiu alto na vontade do consumidor de usar o celular para acessar a internet em alta velocidade sem fio (*wi-fi*); e o iPad (2010), um *tablet* que une atributos do computador à facilidade de uso do iPhone, graças à tecnologia *touch screen* (tela de toque), que dispensa o uso de *mouse* e até do teclado em boa parte das operações e é como um leve monitor portátil, muito prático para ver vídeos em outros ambientes e meios de transporte.

O iPad também é muito prático para acessar e ler publicações e livros digitais, tanto que já motivou o lançamento de jornais exclusivamente para seu formato. Nesse setor, dispositivos também foram anunciados na primeira década do século com grande repercussão cultural e comercial. O mais famoso deles é o Kindle, lançado pela Amazon em 2007. Trata-se de um *tablet* para a aquisição e a leitura de livros digitais, além de permitir o acesso à internet e a jornais. A Amazon baixou o preço do aparelho em 2010 e, com isso, segundo anunciou, conseguiu comercializar no ano mais livros digitais do que em papel e capa dura (na proporção de 140 para 100). O aparelho é também seu produto mais vendido. O leitor da Sony, conhecido como PRS-500, e outros têm feito sucesso, ainda que em menor grau.

Todos esses suportes novos vêm crescendo e tomando parte do espaço dos tradicionais veículos, principalmente no caso dos CDs. Mas, mesmo que os livros e os jornais venham a perder muito de sua circulação, tais instrumentos só conseguiram agradar ao consumidor no momento em que se aproximaram bastante do hábito original, tanto no tamanho e no peso como na facilidade de folhear, com a vantagem de permitir consultas simultâneas *on-line* (como a dicionários e enciclopédias). Alguns dispositivos em estudo são como papéis digitais, de tão flexíveis e leves. Em vez de desestimular a leitura, portanto, eles podem incentivá-la.

No caso dos jornais diários, a queda na circulação pode estar mais relacionada à multiplicidade de fontes de informação (além de rádio e TV, com canais no ar 24 horas por dia, há a internet nos seus diversos suportes). O leitor se sente minimamente informado e, em compensação, procura uma revista semanal para hierarquizar e esmiuçar toda a massa de informações absorvidas na correria do dia a dia. Para espanto dos que diziam que a imprensa em papel estava com os dias contados, duas das revistas que deram o maior salto de circulação na primeira década – chegando cada uma a mais de 1,3 milhão de exemplares, muitos deles em países do exterior – são a americana *The New Yorker* e a inglesa *The Economist*, ambas com textos dos mais diversos tamanhos, de argumentos elaborados e visões de mundo sofisticadas, poucas imagens e quase nenhuma futilidade.

Por falar em *gadgets* ainda em fase experimental, muitas promessas dos cenários comuns ao mundo da tecnologia da informação ainda não se cumpriram. A esperada convergência entre TV e computador, por exemplo, não se tornou, nos dez primeiros anos do século, realidade comercial;

são raros os domicílios que têm um mesmo aparelho para as duas funções. Isso tem esbarrado em parte na dificuldade de criar memórias capazes, por exemplo, de carregar um filme a partir de um acervo virtual em tempo rápido o suficiente para não desestimular o espectador. Quando isso acontecer, é bem possível que as TVs venham a funcionar como computadores, nos quais você poderá buscar o produto que lhe interessa e baixá-lo por *download* ou *streaming* em sua tela de cristal líquido.

Arko Datta/Reuters/LatinStock

4 / MEIO AMBIENTE & METRÓPOLES

O ASSUNTO DOMINANTE NA PRIMEIRA década foi o aquecimento global. O termo entrou para o uso comum e passou a motivar alarmes e debates toda vez que uma tragédia natural acontecia, mesmo que nem sempre por causas climáticas. Um relatório do IPCC (Intergovernmental Panel on Climate Change, ou Painel Intergovernamental sobre Mudanças Climáticas) divulgado em 2007 ajudou a esquentar uma controvérsia que vinha desde o período em que se debateu o Protocolo de Kyoto, assinado em 1997 e adotado a partir de 2005, com metas para a redução da emissão de gases do efeito estufa, provocado, sobretudo, pela queima de combustíveis fósseis, como petróleo e carvão, e pelo desmatamento de florestas. Naquele mesmo ano, o IPCC foi agraciado com o Prêmio Nobel da Paz ao lado do ex-vice-presidente dos EUA (país que jamais assinou o Protocolo de Kyoto), Al Gore, que viajou o mundo em campanha com seu livro e documentário *Uma Verdade Inconveniente*.

O que o Painel e Al Gore mostraram foram os resultados de medições de centenas de cientistas em diversas regiões do planeta, que detectaram um aquecimento da superfície terrestre em 0,74° C (com variação de 0,18° para baixo ou para cima) durante o século XX. Os cientistas também divulgaram previsão de que ao longo do século XXI, caso medidas não fossem tomadas, esse aumento poderia ir de 1,1° a 6,4° C. Entre as consequências desse aquecimento estão a elevação da superfície do mar (com o derretimento de gelos normalmente apoiados sobre camadas de terra) e a desertificação (sobretudo nas faixas tropicais). Imagens de geleiras despencando e de grandes secas e enchentes passaram a representar esses possíveis efeitos do aquecimento.

A controvérsia cresceu na mesma proporção. Críticos disseram que a relação de causa e efeito entre a ação humana e o aquecimento da superfície não estava devidamente comprovada pelos estudos; alguns argumentaram que, ao longo da história da Terra, houve variações semelhantes, muito mais associadas à atividade solar. Outros, como o dinamarquês Bjorn Lomborg, que em 2001 publicou nos EUA o *best-seller O Ambientalista Cético*, para mostrar distorções estatísticas no discurso "catastrofista" a respeito do aquecimento global. Em 2009, com a admissão do IPCC de que houve erros na atribuição do derretimento polar do Himalaia ao efeito estufa – erros que só foram revelados depois de um vazamento de *e-mails* de cientistas –, muitos críticos se julgaram confirmados. Lomborg também criticou soluções como a negociação de carbono para reduzir as emissões e observou que há problemas mais sérios, como a superpopulação em regiões pobres.

As medições, no entanto, vêm sendo confirmadas na maioria dos casos, como no derretimento da calota polar ártica. Intelectuais respeitados, como o geógrafo americano Jared Diamond, disseram que "negar a existência do aquecimento global é como negar a existência da evolução das espécies". Diamond é autor de *Colapso* (2005), um dos livros mais importantes da década, que mostra com exemplos históricos – da civilização maia e da Ilha de Páscoa a Ruanda e China – o custo do uso desequilibrado dos recursos naturais, normalmente observado em sociedades no auge de seu progresso. Desmatamento, degradação do solo, má distribuição de água, caça e pesca predatórias, crescimento populacional exacerbado – essas são algumas das práticas que Diamond descreveu.

Fazem parte do IPCC mais de 900 cientistas do mundo todo, quase unânimes em afirmar que o impacto do aquecimento poderá ser muito grande. Carência de água potável, aumento de mortes por acidentes naturais e perda da biodiversidade estão entre as mais citadas, além da elevação do nível dos mares. Por mais que faltem estudos abrangentes e definitivos para entender a relação entre a poluição causada por indústrias, metrópoles e desmatamentos e as mudanças de temperatura global, os indícios são muito fortes, como o aumento na frequência de furacões e a redução das superfícies de gelo. Os dados se referem aos últimos 50 anos, no máximo, e esse intervalo de tempo pode não representar muito em termos de escala geológica; mas a concentração de dióxido de carbono na atmosfera e o esgotamento de muitos recursos naturais exigem controle não apenas pela questão do aquecimento.

Campanhas de conscientização ajudam, mas são insuficientes diante de alguns desses desafios. Apesar de investimentos crescentes em energias eólica, solar e nuclear (em países como Japão e Alemanha), a dependência mundial de combustíveis fósseis ainda é de 75%. Ou seja, apenas um quarto da energia gerada pela humanidade é limpa. Em virtude de as fontes eólica e solar dependerem de condições especiais, e a tecnologia para aproveitá-las custar caro, e pelo fato de a energia nuclear causar preocupações com os resíduos e a possibilidade de vazamentos, o mundo não pode dispensar petróleo e carvão, ainda mais se países superpovoados, como China e Índia, vivem em crescimento acelerado de produção industrial e consumo urbano. No caso dos automóveis, combustíveis como o etanol têm a contrapartida de gerar monoculturas e desmatamento. Carros elétricos implicam uso de baterias, feitas de lítio, e o lítio se concentra em mais de 70% no solo do deserto do Atacama. Em outras palavras, o futuro só será mais bem equacionado quando cientistas descobrirem novas fontes limpas de energia.

O caso brasileiro é bom exemplo de tudo isso. Apesar de toda a ênfase na produção do etanol, a descoberta de petróleo em camadas profundas do solo marítimo – o chamado pré-sal – transformou o discurso oficial, já que o potencial de 3,5 milhões de barris até 2030 poderá fazer do Brasil o sexto maior produtor mundial, potencial de grande interesse para seus dois maiores parceiros comerciais, China e EUA. Para manter seu ritmo de crescimento, o Brasil também aumentou o número de termelétricas (que, baseadas no carvão, são muito poluentes), levou o sistema de hidrelétricas quase ao limite (provocando polêmicas sobre o impacto ambiental em rios e ecossistemas, como no Madeira) e voltou a investir em usinas nucleares (Angra III). Já as iniciativas para extrair energia da vasta exposição solar e do generoso regime de ventos, sobretudo em regiões como a Nordeste, ficaram muito longe de compensar aqueles movimentos.

A PREOCUPAÇÃO COM O MEIO ambiente ganhou espaço na cultura de muitas sociedades, e para isso o noticiário ao longo dos dez primeiros anos do século XXI muito colaborou. Esta foi a década, por exemplo, em que a palavra "tsunami" entrou definitivamente para o glossário mundial. E em que a expressão "natureza em fúria" passou a ser lugar-comum nas legendas dos canais de notícia da TV, ao reportarem furacões, enchentes, terremotos, derramamentos e outros grandes desastres não necessariamente causados pelos homens, mas infelizmente prolongados por sua falta de prevenção e conhecimento.

De origem japonesa, a palavra tsunami ("onda de porto") designa um maremoto que nasce de um terremoto no fundo do mar e chega às praias com ondas altas e avassaladoras. Um deslocamento de placas tectônicas no fundo do mar libera uma quantidade extraordinária de energia, que movimenta a superfície do mar com velocidade superior a 800 km/h; quando as ondas vão se aproximando da costa, onde a profundidade do mar diminui, a altura delas aumenta – pode ultrapassar dez metros – e despenca sobre a região com poder devastador.

Foi o que aconteceu no oceano Índico em 26 de dezembro de 2004. Um abalo sísmico de 9,2 graus na escala Richter, cujo epicentro aconteceu a oeste da Ilha da Sumatra, gerou um tsunami que atingiu gravemente o litoral de sete países asiáticos, além de chegar à costa africana. Os países com mais mortos foram a Indonésia (126 mil), o Sri Lanka (38 mil), a Índia (16 mil) e a Tailândia (10 mil). O número total estimado, de 230 mil mortos, aproximou o desastre do maior terremoto jamais ocorrido, o de 1960 no mar do Chile, cujo tsunami teria matado 250 mil pessoas. No caso da Indonésia, por mais imprevisível que o evento tenha sido, a estatística se agravou pelo excesso de população em más condições habitacionais.

Enquanto os cientistas tentam estudar os movimentos da crosta terrestre e obter meios de prevê-los com alguma consistência, além de aprimorar sistemas de alarme e resistência para atenuar as perdas humanas e materiais em cada caso, os terremotos – com ou sem tsunamis – se sucederam ao longo do período. Terremotos na Índia em 2001 (Gujarat, 7,9 graus, 20 mil mortos), no Irã em 2003 (Bam, 6,3 graus, 26 mil mortos), no Paquistão em 2005 (Caxemira, 7,6 graus, 80 mil mortos), na China em 2008 (Sichuan, 7,9 graus, 22 mil mortos) e no Haiti em 2010 (Porto Príncipe, 7 graus, 200 mil mortos), entre muitos outros, tomaram a mídia e o imaginário com cenas de destruição e, além das vítimas fatais, um número de feridos, desaparecidos e desabrigados difícil de calcular.

Os desastres climáticos, nos quais a ação humana teria participação muito maior, também foram responsáveis por algumas das imagens mais lamentáveis da década. Dois fenômenos mexeram em especial com as emoções do mundo todo. O primeiro foi o furacão Katrina, no sul dos Estados Unidos, que, em 29 de agosto de 2005, rompeu um dique em New Orleans, cidade lendária do *jazz*, e matou cerca de 1.800 pessoas. Com ventos de mais de 280 km/h, ele obrigou mais de 1 milhão de habitantes a deixar a cidade, gerou caos e saques e causou prejuízos da ordem de US$ 2 bilhões. O governo federal americano foi criticado por ignorar os problemas nos diques e pela demora nos socorros e na reconstrução. Outro fenômeno desastroso foi o ciclone tropical Nargis, que, em 3 de maio de 2008, atingiu o Mianmar com ventos de 190 km/h e fez mais de 23 mil vítimas fatais, por ser aquela região – o delta do rio Iaurati – densamente povoada.

Inundações como essas e enchentes de todos os tipos – como na Austrália e no Paquistão em 2010 – foram mais recorrentes. No Brasil – que também registrou um terremoto de 4,9 pontos em 2007 no povoado de Caraíbas, Minas Gerais, que matou uma menina de 5 anos –, tempestades causaram vítimas e transtornos em grande escala. Em novembro de 2008 em Santa Catarina (mais de 100 mortos), em janeiro de 2010 no Sudeste e no Sul (que destruiu boa parte do patrimônio histórico de São Luiz do Paraitinga, SP) e em junho de 2010 no litoral fluminense (quase 200 mortos, além de 11 mil desabrigados), entre outros endereços, as chuvas intensas denunciaram também más condições de moradia – ocupação de encostas e mananciais, quase sempre irregulares –, sistema de alerta e atendimento. Nas grandes cidades, a falta de solo permeável à margem dos rios, a manutenção precária de galerias e escoamentos e o trânsito congestionado também produziram imagens de terror sob as águas.

Desastres naturais diretamente provocados pelo homem também causaram impacto. O de maior proporção foi o que aconteceu em 20 de abril de 2010 no Golfo do México, a 60 km da costa da Louisiana (EUA), quando a plataforma de petróleo Deepwater Horizon, arrendada para a companhia

British Petroleum (BP) pela suíça Transocean, explodiu. A torre, que tinha capacidade de perfurar a mais de 10 mil metros de profundidade, pegou fogo devido a um problema no material de revestimento; o incêndio matou 11 funcionários. O acidente derramou no mar cerca de 6 milhões de litros, produzindo uma mancha de óleo de 10 mil km² e matando e prejudicando o *habitat* de centenas de aves e animais marinhos. Só em 17 de julho a BP anunciou ter estancado o vazamento e contido a mancha.

Um acontecimento com desfecho bem menos melancólico foi a explosão na mina chilena de San José, em 5 de agosto de 2010, cujo desmoronamento bloqueou a saída de 33 trabalhadores, isolando-os a mais de 600 metros de profundidade. A mina está localizada no deserto do Atacama, e a história do Chile – que seis meses antes também havia enfrentado mais um terremoto (8,8 graus, mais de 700 mortos) – se confunde com a história da mineração. Durante 69 dias, o mundo acompanhou as tentativas de comunicação e os planos de resgate dos mineiros. Eles se organizaram entre si, tomaram decisões com a equipe de superfície e receberam mantimentos e água por uma perfuração pequena, depois alargada para que uma cápsula, batizada de Fênix, de 60 cm de diâmetro, pudesse ser descida até onde estavam os mineiros. No dia 13 de outubro, eles foram um a um resgatados, içados à superfície dentro da Fênix; em 24 horas, todos estavam a salvo com suas famílias. E, claro, prontos para virar celebridades.

A VIOLÊNCIA HUMANA CONTINUOU TENDO casos chocantes. Embora a criminalidade tenha caído em boa parte do mundo, até mesmo em grandes cidades brasileiras como São Paulo e Rio de Janeiro, ela tem se transformado com a tecnologia, a globalização e o acesso a drogas e armas de outros países. No Brasil, seus índices equivalem ao de um país em guerra civil, como o Afeganistão, chegando ao dobro deles no estado do Rio de Janeiro em 2010. Com taxa superior a 20 homicídios a cada 100 mil habitantes em média, está entre os 20 países mais violentos, bem acima de Rússia e México. Em 2004, houve 48 mil mortes por agressão, na maioria envolvendo jovens e a questão do tráfico, com expansão do *crack*. Some a isso mais de 35 mil mortes no trânsito em 2009, e o país terá uma estatística de violência sombria, para dizer o mínimo.

Contar a história da década é também contar a dos crimes que mais chamaram a atenção no país e no mundo. No Brasil, alguns sequestros de pessoas conhecidas marcaram o período, como o de Patricia Abravanel em 2001 (a filha de Silvio Santos ficou sete dias confinada; dois dias mais tarde, o sequestrador invadiu a casa do apresentador, e o governador paulista Geraldo Alckmin interveio pessoalmente) e o do publicitário Washington Olivetto em 2002 (em cativeiro por 53 dias). Ambos saíram vivos. Mas não o jornalista Tim Lopes, que, em junho de 2002, foi torturado e assassinado por traficantes numa favela do Rio de Janeiro. Em janeiro de 2003, o *rapper* Sabotage foi assassinado em São Paulo. Já a missionária Dorothy Stang foi morta, em fevereiro de 2005, em Anapu, no Pará, onde militava ao lado de índios da Amazônia – um escândalo de alcance internacional.

Crimes envolvendo crianças e adolescentes também foram motivos de comoção nacional. Em maio de 2003, Vilma Martins foi presa em Goiás por ter sequestrado os filhos de criação Roberta e Osvaldo (batizado de Pedrinho). João Hélio, de 6 anos, morreu depois de ser arrastado num carro roubado pelas ruas do Rio de Janeiro em 7 de fevereiro de 2007. Em março de 2008, com apenas 5 anos, Isabella Nardoni foi morta pelo pai e pela madrasta, que atiraram o corpo do 6º andar de um edifício em São Paulo. O pai, Alexandre Nardoni, foi condenado a 31 anos de prisão; e a madrasta, Anna Carolina Jatobá, a 26 anos. Em dezembro de 2009, um menino de 2 anos foi encontrado com 50 agulhas inseridas em seu corpo pelo padrasto, Roberto Carlos Magalhães, na Bahia. Outra menina de 2 anos foi torturada pela mulher que pretendia adotá-la, Vera Lúcia Gomes, presa em maio de 2010.

A barbárie entre adolescentes teve alguns casos igualmente rumorosos. Em outubro de 2002, Suzane von Richthofen, de 19 anos, e os irmãos Daniel e Cristian Cravinhos tramaram a morte dos pais dela com golpes de barra de ferro. Suzane alegou ter feito isso "por amor", pois os pais estariam proibindo seu namoro com Daniel. Em novembro de 2003, os estudantes Liana Friedenbach, 16 anos, e Felipe Caffé, 19 anos, foram assassinados enquanto acampavam no Embu, na Grande São Paulo. Como o líder dos criminosos, conhecido como Champinha, tinha 16 anos na época, o acontecimento levantou o debate sobre a redução da maioridade penal em casos hediondos, como já existe em outros países. Champinha acabou sendo levado à Funabem e, depois de completar 18 anos, continuou preso.

Em outubro de 2007, uma menina de 15 anos, encarcerada em Abaetetuba, no Pará, foi torturada e estuprada pelos presos. No mesmo mês de 2008, em Santo André (SP), outra estudante, Eloá Pimentel, de 15 anos, mantida refém por um ex-namorado, Lindemberg Alves, 22 anos, foi baleada durante o resgate da polícia e morreu. Houve também o caso do médico Roger Abdelmassih, especialista em reprodução assistida, preso em agosto de 2009 depois de ser denunciado pelas clientes por estupro e atentado ao pudor. Outro crime que chocou o país foi o assassinato da atriz Eliza Samudio, 25 anos, ex-namorada do goleiro do Flamengo, Bruno Fernandes, de quem tinha um filho. O atleta se entregou à polícia em julho de 2010.

De maior repercussão internacional foi o caso do mineiro Jean Charles de Menezes, executado a tiros pela polícia numa estação do metrô de Londres, em 22 de julho de 2005. Os policiais, que o confundiram com um terrorista, apenas foram afastados. O caso virou filme com Selton Mello. Por falar em cinema, a violência brasileira foi assunto de diversos filmes ao longo do período, como os bem-sucedidos *Cidade de Deus* (2002) e *Tropa de Elite* (2007 e 2010). Em *Salve Geral* (2009), de Sérgio Rezende, o ponto de partida foi o dia 12 de maio de 2006, conhecido como "o dia em que São Paulo parou", depois de uma série de ataques da facção criminosa PCC (Primeiro Comando da Capital) a pontos de ônibus, postos policiais, bancos e outros lugares, com rebeliões em presídios, devido a transferências realizadas pelo governo estadual, e com saldo de 128 mortes, na maioria de suspeitos e policiais militares.

Outro episódio acompanhado por câmeras que amedrontou a população aconteceu no Rio de Janeiro em 25 de novembro de 2010, quando a polícia militar tomou o controle da Vila Cruzeiro, levando os traficantes a fugir para o Complexo do Alemão, o qual também foi tomado nos dias seguintes. Houve 36 mortes, apreensões de motos, algumas detenções – embora nenhuma de chefão do tráfico – e a dispersão dos pontos de drogas. Com a criação das Unidades de Polícia Pacificadora (UPPs) em 2008, em muitos morros da cidade os traficantes perderam domínio territorial, que já era ameaçado pelas milícias formadas por ex-policiais, e os acontecimentos de 2010 foram uma reação a essa perda de poder.

Em outros países, a década também foi marcada por episódios trágicos e conflitos armados. Em Beslan, na Rússia, por exemplo, terroristas chechenos mantiveram mais de mil crianças reféns numa escola, em 1º de setembro de 2004, e com a invasão policial cerca de 200 morreram. Nos EUA, os casos de atiradores suicidas em escolas e outros locais públicos – como o de Charles Carl Roberts, em 2 de outubro de 2006, que disparou contra jovens numa comunidade amish da Pensilvânia, matando cinco pessoas; e o de Cho Seung-hui, em 16 de abril de 2007, que matou 32 colegas e professores na Universidade de Virginia – se repetiram no noticiário. Na Áustria, uma das histórias mais sinistras foi a descoberta da polícia em 27 de abril de 2008 de que o eletricista Josef Fritzl manteve presa no porão por 24 anos sua filha Elizabeth e a engravidou sete vezes.

UMA QUESTÃO QUE SE ACENTUOU de forma global na primeira década do século foi a expansão das grandes cidades. Essa expansão traduz desenvolvimentos econômicos, sobretudo em países ditos emergentes, mas também implica uma série de problemas adicionais para a qualidade de vida, o meio ambiente e o bem-estar da população. Periferias pobres cada vez maiores, crescimento desordenado, congestionamentos assustadores, enchentes e ondas de calor, saneamento insuficiente, estresse, poluição e desemprego são alguns desses males associados.

Um dado muito claro sobre o processo é o da organização alemã City Population, segundo a qual o mundo tinha nove cidades em 1985 que podiam ser classificadas como megalópoles, e esse número passou para 25 em 2005. No espaço de 20 anos, portanto, nada menos que 16 cidades adquiriram as características de extensão, conurbação e dispersão que definem a categoria. Cidades como Bombaim, Xangai, Cidade do México, Seul, São Paulo, Karachi, Nova Delhi, Lagos, Bangkok, Istambul, Manila e Jacarta se juntaram a Tóquio, Nova York e Londres. São cidades grandes, com mais de 10 milhões de habitantes, que se amontoam e se espalham em manchas urbanas que se fundem com outras cidades pequenas e grandes.

No Brasil, que no começo do século XX tinha apenas 20% da população vivendo em áreas urbanas, esse número subiu para mais de 80% cem anos depois. A região que mais se urbanizou nas últimas décadas, no entanto, foi a Centro-Oeste. Em 1970, menos da metade da população vivia em endereços urbanos; em 2000, já era 86%. O avanço do agronegócio fez surgir cidades de porte em poucos anos em estados como o Mato Grosso. As regiões Norte e Nordeste continuam a ser as menos urbanizadas, em torno de 69%, e, no entanto, o ritmo de crescimento tem chegado a 30% por década. As nove maiores cidades brasileiras (São Paulo, Rio de Janeiro, Belo Horizonte, Salvador, Fortaleza, Recife, Porto Alegre, Curitiba e Belém) reúnem um terço da população nacional.

Um dos maiores problemas decorrentes de uma expansão acelerada e mal planejada das cidades foi a favelização. Segundo a ONU, mais de 50 milhões de brasileiros, cerca de 28% da população, vivem em 16 mil favelas de capitais como Rio de Janeiro, São Paulo e Recife. São Paulo e Rio, para muitos analistas, já formam uma mesma mancha urbana ou tendem a formar nos próximos anos. Essa faixa, que representa apenas 0,5% do território nacional, concentra 22% de sua população. Somadas, são o *habitat* de 50% dos automóveis do país e são responsáveis por cerca de 60% da produção industrial brasileira.

As más condições de moradia, transporte, saneamento e emprego induzem a problemas como a criminalidade. Em São Paulo, o deslocamento médio é de uma hora e meia entre a residência e o trabalho. Há carências de ônibus, metrô e trem, e as oportunidades de emprego estão concentradas demais nas zonas central e oeste da cidade. Nas periferias, há baixo acesso à rede de esgoto, e a infraestrutura em geral é precária. Quanto à criminalidade, houve queda em São Paulo e no Rio nos últimos anos, mas ainda é extremamente alta. No Rio, o índice de homicídios continua em torno de 30 a cada 100 mil habitantes; em São Paulo, é de 10 a cada 100 mil.

2001

JANEIRO

13

Um terremoto de 7,6 pontos de magnitude atinge El Salvador, matando 700 pessoas.

26

O estado de Gujarat, na Índia, é devastado por um terremoto que chegou a 7,9 pontos na escala Richter. Quase 20 mil pessoas morrem.

2003

AGOSTO

(Duas primeiras semanas)

Milhares de pessoas, na maioria idosos, morrem na França em consequência de uma onda de calor que assolou a Europa.

DEZEMBRO

26

Um terremoto de 6,3 graus de magnitude devasta a cidade de Bam, no sul do Irã, matando quase 26 mil pessoas.

2004

DEZEMBRO

26

Um terremoto de 9,2 graus no fundo do oceano Índico gera um tsunami que devasta o litoral de vários países asiáticos, matando 230 mil pessoas.

2005

AGOSTO

29

Um furacão apelidado de Katrina varre o sul dos Estados Unidos e alaga cidades como New Orleans, tirando a vida de 1 800 pessoas.

OUTUBRO

8

Um tremor de 7,6 graus na escala Richter devasta a Caxemira, entre o Paquistão e a Índia, deixando milhões de desabrigados e cerca de 80 mil mortos.

2006

MAIO

27

Um terremoto de 6,2 pontos na escala Richter devasta a cidade de Yogyakarta, a capital cultural da ilha de Java, na Indonésia, matando quase 6 mil pessoas.

JULHO

17

Um tsunami formado por um tremor de 7,7 graus na escala Richter, no oceano Índico, atinge o sul da ilha de Java, na Indonésia, tirando a vida de cerca de 600 pessoas.

2007

AGOSTO

15

Um terremoto de 7,9 graus de magnitude devasta as cidades de Pisco, Ica, Chincha e Cañete, no Peru, matando cerca de 500 pessoas.

DEZEMBRO

9

Um terremoto de 4,9 pontos na escala Richter destrói o povoado de Caraíbas, no norte de Minas Gerais, onde viviam mais de 350 pessoas. Só uma menina de 5 anos morre.

2008

MAIO

3

Com ventos de 190 quilômetros por hora, o ciclone Nargis devasta o Mianmar e mata cerca de 23 mil pessoas.

12

Um terremoto de 7,9 pontos na escala Richter destrói a província de Sichuan, na China, matando mais de 22 mil pessoas.

NOVEMBRO

(Última semana)

Uma tempestade despenca sobre o estado de Santa Catarina, causando alagamentos e deslizamentos em dezenas de municípios e a morte de mais de cem pessoas.

2009

ABRIL

6

Um terremoto que atingiu 6,3 pontos da escala Richter devasta cidades na região do Abruzzo, no centro da Itália. Cerca de 300 pessoas morrem.

SETEMBRO

29

Um terremoto no oceano Pacífico, que atingiu 8,3 graus na escala Richter, provoca um tsunami que devasta as praias das ilhas de Samoa, Tonga e Samoa Americana, matando cerca de 180 pessoas.

30

Um tremor de 7,6 graus de magnitude atinge a ilha de Sumatra, na Indonésia, soterrando 3 mil pessoas.

2010

JANEIRO

(Primeira semana)

Os temporais de verão derrubam encostas e causam alagamentos nos estados do Rio de Janeiro, de São Paulo e do Rio Grande do Sul. No total, mais de cem pessoas morrem e outras 3 mil ficam desabrigadas.

12

Um terremoto de 7 pontos de magnitude derruba 70% das construções de Porto Príncipe, a capital do país mais pobre das Américas, o Haiti. Mais de 200 mil pessoas morrem. A médica Zilda Arns, fundadora da Pastoral da Criança, é uma delas.

FEVEREIRO

27

Um tremor de 8,8 pontos na escala Richter devasta um quinto do território do Chile, matando mais de 700 pessoas.

MARÇO

21

Um vulcão localizado na região da geleira de Eyjafallajokull, na Islândia, entra em erupção e expele uma gigantesca nuvem de cinzas que cobre boa parte da Europa. Durante seis dias, quase 100 mil voos são cancelados por falta de segurança.

ABRIL

(Começo do mês)

Uma tempestade despenca sobre o estado do Rio de Janeiro, provocando alagamentos e o desabamento de dezenas de casebres construídos em morros. O saldo da tragédia: quase 200 mortos, 160 feridos e 11 mil desabrigados.

20

Explode a plataforma petrolífera Deepwater Horizon, da companhia British Petroleum, fincada a 60 quilômetros da costa dos Estados Unidos. Imediatamente, uma imensa mancha de petróleo começa a se formar e a se espalhar pelo Golfo do México.

JUNHO

(Metade do mês)

Temporais rompem barragens em Alagoas e Pernambuco, provocando alagamentos e dezenas de mortes.

AGOSTO

5

Um desmoronamento bloqueia a única saída da mina San José, no Chile, e deixa 33 operários isolados.

(Metade do mês)

Enchente no Paquistão deixa um quinto do país debaixo d'água e milhões de pessoas desabrigadas.

OUTUBRO

13

Após passarem 69 dias presos a 700 metros de profundidade, 33 mineiros são resgatados no Deserto do Atacama, no Chile.

Patrick Hertzog/AFP/Getty Images

5 / ESPORTES

O DECÊNIO VIU UM CRESCIMENTO sem precedentes dos esportes em geral, tanto em termos de audiência como de faturamento. O setor ganhou participação cada vez maior na economia. Nos EUA, por exemplo, representa a 14ª indústria, maior que a da produção de aço ou a da construção de ferrovias, dois setores marcantes na formação americana. Os patrocínios de atletas e equipes e os direitos de transmissão dos eventos bateram sucessivos recordes. Uma final da Copa do Mundo de *Cricket* ou da Copa do Mundo de Futebol chega a mais de 2 bilhões de espectadores. Alguns atletas ultrapassaram o bilhão em faturamento anual, como o golfista Tiger Woods, e alcançaram o *status* de ídolos, semelhantes aos de astros do cinema e da música, imitados até no jeito de se vestir e falar, sobretudo por jovens que sonham seguir a mesma carreira.

A multiplicação dos meios de comunicação foi determinante nesse crescimento. Os canais de TV por assinatura, como no sistema *pay-per-view*, e as transmissões ao vivo pela internet, em texto e áudio, ampliaram muito a oferta para os torcedores e a renda para os clubes. No caso do futebol, times como Real Madrid e Manchester viram seu valor de marca se aproximar de R$ 3 bilhões por ano. No Brasil, onde o uso do *marketing* e a estruturação dos clubes demoraram a ser vistos como vitais, algumas marcas como Corinthians e Flamengo chegaram a valer cerca de R$ 700 milhões em 2010, segundo estudo da Crowe Horwarth. A principal fonte de faturamento passou a ser o conjunto de patrocinadores, seguido pelo pagamento dos direitos de transmissão por TV. Ambos dependem também de estádios completos e bem cuidados, que tornem cada partida um evento, como um show de música. Essa percepção fez entrar em circulação o termo "arena" para designar os estádios, e todo clube grande passou a planejar a sua.

As entidades responsáveis pela administração dos esportes também passaram a explorar essa expansão. A Fifa, por exemplo, percebeu o potencial de negócios que a globalização trouxe para o futebol, esporte mais acompanhado mundialmente (ao contrário do *cricket* ou do *rugby*, que se concentram em menor número de países), e tratou de organizar as Copas do Mundo em países mais distantes, de menor tradição, onde estádios precisam ser construídos, e o aporte de investimentos é mais intenso. Neste século, realizou duas das três Copas em sedes com esse perfil: em 2002, no Japão e na Coreia do Sul; em 2010, na África do Sul. A outra, em 2006, foi realizada na Alemanha, pela primeira vez desde a reunificação do país em 1991. Em 2014, a Copa será no Brasil, economia emergente no cenário mundial; em 2018, na Rússia; e em 2022, no Catar.

Isso não se tem visto apenas no futebol. Abu Dhabi, nos Emirados Árabes, desde 2009 passou a ser o último circuito da temporada de Fórmula 1. Dubai, outra grande cidade do país, é onde se disputa atualmente a final do Mundial de Clubes da Fifa, que antes era realizada em Tóquio. As Olimpíadas também ampliaram suas fronteiras. Em 2008, tiveram como sede Pequim, na cada vez mais poderosa China. As de 2004 foram em Atenas, como uma espécie de volta ao berço; e as próximas serão em Londres, em 2012; e no Rio de Janeiro, em 2016. O padrão parece ser semelhante ao adotado pela Fifa, de alternância entre países desenvolvidos e emergentes, o que é sempre marcado por construções de grande porte e visibilidade, como os estádios construídos em Pequim, com assinaturas de arquitetos estrangeiros como a dupla suíça Herzog & De Meuron.

Em outros termos, se há uma área em que a globalização se estabeleceu de forma aparentemente irreversível, é a dos esportes. Nas ligas de futebol, por exemplo, o número de estrangeiros nunca foi tão grande – e não só entre os atletas, mas também entre os dirigentes. Em 2009, um time italiano, a Inter de Milão, ganhou a Copa dos Campeões da Europa sem ter nenhum jogador italiano no elenco titular. Eventos como esse são acompanhados pela maior parte do planeta e ajudam a divulgar marcas fabricadas e consumidas nos mais diversos países. Camisas, objetos, jogos e até cartões de crédito com elas se multiplicam. Os negócios do esporte continuam a se ampliar, e o mundo, a encolher em torno deles.

DE 2001 A 2010, OS ESPORTES VIRAM surgir grandes ídolos, contrariando certa tendência de achar que as "eras de ouro" ficam sempre no passado. Esses grandes esportistas, que realizaram façanhas diante de plateias internacionais, bateram recordes e encarnaram os sonhos de milhões de crianças e adolescentes, além de passarem a ser mais vigiados e discutidos, à medida que se tornaram cada vez mais bem pagos. O golfista Tiger Woods é um exemplo completo: ele não só é o primeiro golfista negro a ganhar os títulos que ganhou, como também é o maior de todos os tempos pelo número absoluto de troféus. Em 2009, ele se viu envolvido num escândalo depois de agredir sua esposa, pois ela revelou sua coleção de casos extraconjugais. Por isso foi muito criticado, viu sua imagem pública de bom-moço se desfazer e até perdeu patrocínios. A Nike, no entanto, manteve seu contrato e declarou que o patrocina, buscando separar o esportista do homem. Mas o público nem sempre parece acreditar nessa distinção, até porque ela só parece ser feita quando a imagem do atleta se torna negativa. Os feitos de Woods, porém, estão na história do esporte.

Outro com supremacia em qualquer estatística é Michael Schumacher, piloto alemão de Fórmula 1. Em 1994 e 1995, correndo pela Benetton, já tinha sido bicampeão da categoria. Mas foi de 2000 a 2004, pela Ferrari, que sobrou em todos os quesitos: conquistou o sétimo título e se tornou o maior piloto da história em número de vitórias, *poles* e voltas; em 2002, esteve no pódio em todas as corridas sem exceção, feito inédito no esporte. Alguns recordes ele não chegou a bater, como a porcentagem de *poles* (obteve 25% ante 40% de Ayrton Senna, para não ir a exemplos mais antigos, como Juan Manuel Fangio) e a idade mais nova na primeira vitória (que é agora de Sebastian Vettel, outro alemão, aos 21 anos). E muitos argumentam que não teve o mesmo grau de competição nas pistas que a geração de Prost, Senna e Piquet. É, porém, um piloto completo: sabe ousar, prepara bem o carro, não desperdiça pontos, é frio nos momentos decisivos. Depois de se aposentar em 2006, decidiu voltar a correr em 2010 pela Mercedes, mas não passou da nona colocação no campeonato.

Se existe um esporte que parece viver uma época áurea nesse início de século XXI, é o tênis. O maior autor de façanhas no período é o sueco Roger

Federer, que, desde o primeiro torneio, vencido em 2001, acumulou títulos como nenhum outro, incluindo 16 Grand Slams, superando os recordes de Pete Sampras, Björn Borg e todos os demais. Entre 2004 e 2008, ele ficou 237 semanas seguidas como número 1 do ranking, outra realização inédita na história do esporte. E não foi por falta de concorrentes: além de André Agassi (no começo da carreira de Federer e no final da de Agassi), Novak Djokovic e Andy Murray, ele enfrentou várias vezes o espanhol Rafael Nadal, para quem perdeu nada menos que 12 decisões desde 2006. Cinco anos mais novo, Nadal já tem nove torneios de Grand Slam e, quase imbatível no saibro, onde a força de sua bola complica o jogo dos oponentes, aos poucos atingiu o mesmo nível na quadra rápida. Federer tem estilo mais sutil, de muita consciência, e ganhou o apelido de "Rubber Man" pela maneira como solta os golpes sem esforço aparente.

Embora tenha tido seu auge no fim dos anos de 1990, o brasileiro Gustavo Kuerten, o Guga, também marcou o início do século atual e se consagrou como o maior tenista da história do país. Em 2001, com apenas 25 anos, venceu pela terceira vez Roland Garros, conquistado também em 1997 e 2000, e mais alguns torneios da Master Series e da ATP. Mas no mesmo ano foi submetido a uma cirurgia de quadril, problema do qual nunca se recuperou integralmente. Foi obrigado a deixar o esporte oficialmente em 2008, deixando saudade de seus golpes de fundo e de *backhand*. Infelizmente, o Brasil – que uma revista semanal chegou a chamar de "pátria de raquetes" no auge de seu sucesso – não soube gerar novo ídolo na sequência, ao contrário do que se esperava.

Felizmente, no vôlei brasileiro a história foi diferente. Gerações se sucederam sem grandes perdas de continuidade, ou melhor, muitas vezes com admiráveis ganhos de resultado. Depois de ser medalha de ouro nas Olimpíadas de Atenas, em 2004, com jogadores como Giovane, Tande e Maurício, a seleção masculina se renovou rapidamente e foi campeã do Mundial de 2006, no Japão, com jogadores como Giba, Dante e Serginho. O período pode ser descrito como "era Bernardinho", pois o técnico acumulou de 2001 a 2010 nada menos que 299 vitórias em 331 partidas, incluindo ainda os Mundiais de 2002 e 2010, os Jogos Pan-Americanos de 2007 e mais de 20 outras competições importantes.

Outro esporte em que o Brasil atingiu patamares inéditos na última década foi a natação. E o grande nome dessa geração é Cesar Cielo. Ele começou a dominar as atenções em 2007, quando bateu o recorde sul-americano dos 50 metros livre e depois ganhou três medalhas de ouro e uma de prata nos Jogos Pan-Americanos do Rio de Janeiro. No ano seguinte, ganhou a medalha de ouro em Pequim ao bater o recorde olímpico dos 50 metros livre (21s30). Em 2009, veio a consagração: no Mundial de Roma, bateu o recorde dos 100 metros livre (46s91); em São Paulo, repetiu a façanha nos 50 metros (20s91). Em 2010, sem os maiôs tecnológicos e em piscina curta, passou a ser detentor de um total de dez recordes. Cielo, que se formou treinando nos EUA e hoje tem contrato com o Flamengo, faz parte de uma geração de novos nadadores brasileiros na qual se destaca também Tiago Pereira, que em 2004, no Rio, bateu o recorde sul-americano dos 400 metros medley, que pertencia a Ricardo Prado desde as Olimpíadas de 1984 – e voltou a superá-lo em 2009, em Roma, quando atingiu 4m08s86.

O atletismo e os demais esportes olímpicos também testemunharam o surgimento de lendas. O jamaicano Usain Bolt, por exemplo, assombrou Pequim e o mundo em 2008, aos 24 anos, ao bater o recorde mundial dos 100 metros, com o tempo de 9s69, e ainda quebrar o dos 200 metros (19s30) e o do revezamento 4 x 100. No ano seguinte, no Mundial em Berlim, voltou a baixar o tempo dos 100 metros para 9s58 e o dos 200 metros para 19s19. Na natação, nas mesmas Olimpíadas de Pequim, o americano Michael Phelps superou o feito de 1972 de Mark Spitz e conquistou oito medalhas de ouro ao todo, batendo sete recordes mundiais e um olímpico. Um desses recordes, o dos 200 metros borboleta, ele mesmo quebraria no ano seguinte, em Roma. Durante décadas, mesmo depois de seus recordes terem sido superados, esses nomes ainda serão saudados na história do esporte e do século XXI.

UMA DAS TENDÊNCIAS MAIS FORTES na vida esportiva das pessoas nos últimos anos foi o crescimento dos adeptos da corrida. Na onda da "geração saúde", com a queda nos índices de fumantes e a popularização das academias de ginástica, muitos passaram a correr de forma regular e até semiprofissional, disputando competições em outros países. No Estado de São Paulo, por exemplo, em 2001, havia apenas 11 provas de rua; em 2010, já passaram de 250, reunindo mais de 300 mil corredores. No Brasil inteiro, agora são mais de 600 corridas de rua por ano. Grupos de corrida, com orientação de um preparador físico, são cada vez mais comuns e podem ser vistos nas madrugadas de grandes cidades ou estradas.

As recompensas para a saúde, se tudo for feito com planejamento e sem excessos, são muitas, como a queda do colesterol, o aumento da capacidade aeróbica, a troca de gordura por massa muscular, etc. Além disso, substâncias como a serotonina e a endorfina – que proporcionam sensação de bem-estar e euforia – são liberadas pelo corpo, levando o praticante a se sentir aos poucos "dependente" daquela atividade. Os motivos apontados para o fenômeno são muitos, desde o investimento de marcas famosas nessas modalidades, em grande parte por meio das academias, até a necessidade de combater o estresse da vida urbana e a vaidade estimulada pelos meios de comunicação e pela propaganda, que pregam a magreza como valor estético e a longevidade como valor moral.

Outra tendência que se acentuou de 2001 para cá foi a procura por esportes radicais, também chamados de esportes de aventura, que têm movimentado a indústria do turismo com o surgimento de hotéis e roteiros especializados. São esportes que envolvem o risco e uma liberação maior de adrenalina; e o termo inclui cada vez mais modalidades, com as mais diversas graduações de dificuldade. Elas vão do alpinismo, do montanhismo e do *mountain bike*, que requerem muito preparo aeróbico e força muscular, até o paraquedismo, o mergulho e o balonismo, que exigem equipamentos caros e deslocamentos maiores. Mas há também atividades mais acessíveis, como rapel, *trekking*, canoagem, *bungge jumping* e surfe, entre muitas outras.

Nesse caso, também entre os motivos que explicam a tendência estão o estresse e a moda, mas nenhum tem a mesma relação direta com os benefícios de saúde, que obviamente existem. A tendência parece atender mais ao espírito aventureiro, que antes se expressava em modos de vida hoje raros ou proibidos (como a caça), ou ao aumento da oferta de lugares desconhecidos (hoje descritos em programas de TV, livros e documentários). Além disso, ela está entrelaçada à outra tendência: a revalorização das questões ambientais, do contato com a natureza e da preservação de ecossistemas.

NO FUTEBOL, EM QUE NOVOS Pelés e Maradonas são inutilmente procurados a todo instante, grandes nomes também marcaram a década. Dos brasileiros, quatro merecem ser destacados: Ronaldo, Ronaldinho, Rivaldo e Kaká. Por mais que nos últimos anos o número de brasileiros na lista de melhores do ano tenha caído, é difícil contar a história do futebol mundial sem falar da participação desses jogadores. Dos estrangeiros, três são obrigatórios nesta narrativa: Zidane, Cristiano Ronaldo e Messi. Todos se destacaram por títulos coletivos e individuais e trouxeram características próprias ao futebol, "enchendo os olhos", como se diz, dos torcedores de toda parte.

Ronaldo foi, de longe, o mais contestado desses nomes. Mesmo depois de ter jogado o que jogou nos primeiros anos de carreira, em clubes como o Barcelona e a Inter de Milão, os problemas que teve na véspera da final da Copa do Mundo de 1998 e a gravíssima contusão que sofreu em 2000, quando o tendão patelar direito arrebentou como um elástico e sua rótula saltou para o lado diante de milhões de espectadores, fizeram muita gente duvidar do apelido "Fenômeno" e de sua volta com qualidade ao futebol. Na Copa do Mundo de 2002, porém, ele foi protagonista: fez oito gols em sete jogos, incluindo dois na final, o que não acontecia desde 1970, e foi eleito o melhor do mundo pela terceira vez. Depois foi para o Real Madrid, no qual fez mais de cem gols em três temporadas. A partir do fim de 2004, porém, o peso adquirido e as lesões sucessivas novamente o puseram na berlinda. Em 2006, apesar de três gols que lhe deram o recorde de maior artilheiro das Copas, muitos o culparam pela desclassificação brasileira. No ano seguinte, no Milan, teve nova ruptura do tendão patelar, e o fim de sua carreira no futebol foi decretado. Mas em 2009 ele voltou ao Brasil para jogar no Corinthians e, sob desconfiança geral, conquistou títulos e renovou sua idolatria.

Seu grande concorrente e amigo foi Zinedine Zidane, que nas duas Copas – em 1998 e 2006 – foi o principal responsável pela derrota do time de Ronaldo e companhia. Também eleito três vezes o melhor do mundo, apesar de não ter tido longas interrupções por causa de lesões, sofreu igualmente altos e baixos. O maior baixo foi na final da Copa do Mundo de 2006, quando deu uma cabeçada no peito do zagueiro Materazzi, que ofendera sua irmã, e foi expulso, vendo a Itália ser campeã com um futebol retrancado. No Real Madrid, foi campeão da Copa dos Campeões em 2000 e, ao lado de Ronaldo a partir de 2002, formou a equipe dos "galáticos". Zidane era o maestro, o arco, o dono do domínio absoluto sobre a bola e da visão de jogo; Ronaldo era o solista, a flecha, a combinação de velocidade e habilidade diante do gol. Mas os bons tempos duraram pouco, e, num time inchado de estrelas, como David Beckham, o belo que chegou em 2004 para abrir mercados para o clube na Ásia, o fiasco se deu.

Do outro lado, estava um time que faria ainda mais história, o Barcelona de Ronaldinho, Deco e Eto'o. Deco ditava o ritmo no meio-campo e Eto'o fazia os gols, mas o jogador-chave – se ele estava inspirado, o time se inspirava – era Ronaldinho Gaúcho, que já tinha feito boa Copa do Mundo em 2002, mas sem o destaque de Ronaldo e Rivaldo. No Barcelona, como tantos antes dele (além de Ronaldo e Rivaldo, a lista tem Cruyff, Maradona, Stoichkov e Romário, entre outros), Ronaldinho encontrou a liberdade e o equilíbrio para tornar mais produtivo seu futebol vistoso e mais vistoso seu futebol produtivo. Fez belos gols em momentos decisivos, utilizou todos os recursos (de chapéus e elásticos a cavadinhas e bicicletas), lançou os atacantes à cara do goleiro. Em 2004 e 2005, não teve para ninguém: foi eleito duas vezes o melhor do mundo. Para a Copa do Mundo de 2006, no entanto, chegou badalado e desgastado: em cinco jogos, não fez nenhum gol e ficou longe do posto de atração do torneio. Curiosamente, nunca mais recuperou sua melhor fase, apesar de alguns bons momentos no Milan em 2009, e nem sequer foi convocado para a Copa de 2010.

Rivaldo teve carreira com perfil semelhante: temporadas irregulares, melhor desempenho no Barcelona – quando em 1999 também acumulou gols belíssimos e se tornou o melhor do mundo – do que na seleção e sumiço em ocasiões decisivas. Mas também deixou uma antologia que raros conseguem e ainda foi mais importante que Ronaldinho na Copa do Mundo de 2002, com cinco gols e participação nos dois de Ronaldo na final. Também brilhou com a camisa do Milan por muitos anos. Lá, foi substituído por Kaká, um jogador sem a mesma habilidade desses outros três brasileiros, mas bastante técnico e vigoroso, dando arranques a passadas largas que tornavam letais os contra-ataques. Em 2007, na Copa dos Campeões, teve seu ano irretocável: muitos gols e assistências e um papel determinante nos jogos finais. Porém, problemas físicos novamente atrapalharam uma grande carreira: com dores no púbis, perdeu espaço na cena e teve desempenho apenas mediano na Copa do Mundo de 2010.

Messi é também um caso especial. Argentino, teve toda sua formação nas bases do Barcelona, onde dividiu gramado com Ronaldinho no início de sua carreira profissional. Mas, com a saída deste e de Eto'o, assumiu a partir de 2006 a função de craque do time. E não traiu sua origem: seu estilo lembra muito o de Maradona, com a bola grudada no pé esquerdo, jogadas de efeito, gols enfileirando adversários. Ainda é acusado de não atuar no mesmo nível pela seleção argentina. Na Copa de 2010, embora tenha feito belos lances e dado passes fundamentais, não encontrou o caminho do gol justamente em sua temporada mais goleadora. Mas foi com justiça eleito o melhor do mundo em 2009 e 2010.

Para variar, seu maior concorrente no momento está do outro lado do campo: Cristiano Ronaldo, também artilheiro em 2010 pelo Real Madrid e também criticado por sua atuação na seleção portuguesa durante a Copa, na qual fez apenas um bizarro gol. O português foi o melhor do mundo em 2008, graças ao excelente desempenho na Copa dos Campeões pelo Manchester United, clube inglês no qual fez história nos cincos anos em que lá jogou. Como Messi, é driblador e gosta de usar efeitos, ainda que em seu caso, vaidoso como é, às vezes sejam apenas firulas. Mas tem grande vigor, cabeceia bem e chuta de longe, enquanto Messi conduz mais e resolve situações em espaços muito curtos. Ambos são jogadores de altíssimo nível que ainda podem ir mais longe.

O futebol hoje é bem mais rápido e contundente, exige que os jogadores corram mais de 10 quilômetros por partida e enfrentem zagueiros e goleiros altos e fortes. Mesmo assim, os talentos acabam se impondo, porque pensam mais rápido e encontram atalhos dentro do campo. A Copa de 2010, que teve um campeão inédito em sua história, a Espanha, consagrou o futebol de baixinhos como Iniesta e Xavi, Sneijder e Robben, que se destacam pelo refinado controle de bola, pelos passes precisos e pela criatividade. Há muitos jogos truncados e carência de gols, mas quem gosta de ver a resistência da técnica não tem motivo nenhum para desânimo.

O FUTEBOL BRASILEIRO APRENDEU ALGUMAS coisas sobre profissionalismo e *marketing* e ajudou o país a ser escolhido para sediar a Copa do Mundo de 2014, mas houve muita polêmica e provavelmente continuará havendo. Até 2002, o principal campeonato nacional era realizado no esquema chamado mata-mata, em que os oito melhores times com maior pontuação se enfrentavam em duas chaves até sair o vencedor. Nesse ano, por exemplo, o Santos, de Robinho, Diego e Elano, ficou em oitavo lugar, mas com grandes atuações na fase final se sagrou campeão. A partir de 2003, a CBF adotou a fórmula dos pontos corridos, comum à maioria dos países com ligas de futebol, como os da Europa e o Japão, com 20 times disputando todos contra todos em dois turnos, num total de 38 jogos, de maio a dezembro de cada ano. A fórmula foi criticada porque não teria a mesma emoção dos jogos decisivos, mas seus defensores dizem que as últimas rodadas sempre envolvem o destino de pelo menos metade dos clubes, o que dá clima de decisão a essas partidas. Além disso, argumentam que o sistema é mais justo, pois premia o trabalho ao longo de toda a temporada.

O período também foi marcado por discussões sobre a qualidade do futebol brasileiro e o efeito do êxodo de jogadores para times estrangeiros nos torneios nacionais. Os números mostram o salto nas transferências internacionais. Em 2007, segundo a CBF, 1.085 atletas foram atuar em outros países, mas apenas 489 regressaram aos gramados brasileiros. No entanto, dois anos depois, houve o menor déficit: 1.017 saíram, 707 voltaram. Ainda assim, como os jogadores que saem são mais jovens – cada vez mais – do que aqueles que retornam, o futebol brasileiro se ressente de ver a maioria de seus melhores jogadores em forma atuando no exterior. Nas seleções das Copas de 2002, 2006 e 2010, a maioria dos convocados atuava em clube estrangeiro. Por haver um descompasso entre os calendários europeu e brasileiro, isso também significa que as vendas mais relevantes são feitas antes do início da temporada europeia, entre julho e agosto – ou seja, quando o Campeonato Brasileiro já está quase na metade, o que afeta alguns times que vinham em boas posições.

Muitas soluções são apresentadas como definitivas, até mesmo a proibição da venda do jogador até certa idade (o que é driblado invocando-se direitos básicos, como o de ir e vir), mas o fato é que esse processo obrigou adaptações. Praticamente todos os clubes brasileiros extraem boa parte de sua renda da venda de jogadores, o que a torna inevitável, até mesmo pela disparidade entre os faturamentos de grandes clubes europeus e os nacionais, que têm perdido competitividade até mesmo contra países menos ricos e tradicionais como Turquia e Rússia. Mas todos os que investiram fortemente na contratação de bons jogadores a cada temporada foram os que se saíram melhor no sistema de pontos corridos. Foi assim com o Cruzeiro de Alex em 2003, com o Santos de Robinho em 2004, com o Corinthians de Tevez em 2005, com o tricampeonato do São Paulo em 2006-2008, com o Flamengo de Petkovic em 2009 e com o Fluminense de Conca em 2010. Ainda existem muitos "desmanches" no meio e no fim do ano, mas nenhum vencedor jogou com elenco barato ou desconhecido.

Com jogadores de renome, como fez o Corinthians ao repatriar Ronaldo em 2009, os patrocínios vêm com muito mais vigor. A surpreendente volta do atacante ao Brasil resultou em bom desempenho e dois títulos, mas, sobretudo, na conquista de empresas patrocinadoras, que injetaram mais de R$ 50 milhões no clube em 2010. Os demais logo quiseram seguir o modelo. Ronaldo, por sinal, foi um dos primeiros jogadores brasileiros a sair cedo para a Europa e construir toda a sua carreira lá: jogou no Cruzeiro com 16 anos, depois foi para PSV, Barcelona, Inter de Milão, Real Madrid e Milan, frequentemente acusado de ser um "craque globalizado", sem identidade com a cultura nacional – apesar de ter sido considerado um herdeiro de Pelé mundo afora e de ter dado grandes contribuições à seleção brasileira. Com seu retorno, 13 anos depois, Ronaldo ajudou a mostrar que o futebol brasileiro pode ter clubes mais ricos, capazes de concorrer com os de outros países, ainda que com muitas dificuldades.

Investimentos em estrutura – centros de treinamento, aparelhos de ginástica e fisioterapia e reformas em estádios – e em *marketing*, como *design* novo das camisas a cada ano, estampadas com mais e mais logotipos, também foram feitos e deram resultado. E o mais importante: o futebol brasileiro também descobriu que uma mentalidade mais profissional é melhor para todos. Um exemplo é o trabalho do técnico Muricy Ramalho. Ele sempre recusou a cultura do "chinelinho", do jogador que não se dedica aos treinamentos, e com esse método de trabalho – rigoroso sem ser autoritário – ganhou quatro títulos do Campeonato Brasileiro em cinco anos. No entanto, a maioria dos clubes brasileiros trabalha com uma dívida muito acima do que seu fluxo de caixa permite rolar, e em alguns episódios – como na parceria da empresa MSI com o Corinthians em 2005 – os investimentos vieram marcados pela suspeita de origem escusa e transações clandestinas. Não espantou que dois anos depois, sem dinheiro para um elenco à altura, o clube tenha sido rebaixado para a Série B.

Ironicamente, a revalorização dos bons profissionais, que ainda não parece valer para a maioria dos dirigentes dos clubes, coincidiu com um período em que os craques brasileiros perderam destaque. A seleção foi campeã em 2002 com três nomes que fizeram ou fariam história em clubes europeus: Ronaldo (três vezes melhor do mundo, segundo a Fifa), Rivaldo (uma vez) e Ronaldinho (duas vezes). Dois anos depois, dos dez primeiros colocados na premiação, cinco eram brasileiros (Ronaldinho, Ronaldo, Adriano, Kaká e Roberto Carlos) e um brasileiro naturalizado português (Deco). Mas a partir de 2006, quando o Brasil foi desclassificado da Copa pela França de Zidane (também o melhor do mundo por três vezes), tudo começou a mudar. Kaká foi o vencedor em 2007, depois de grandes partidas na Copa dos Campeões, conquistada pelo Milan. Mas ficou sozinho. Em 2010, quando a Espanha de Iniesta e Xavi venceu a Copa, e o Brasil do técnico Dunga e do volante Felipe Melo foi desclassificado pela Holanda de Sneijder, nenhum brasileiro ficou entre os dez melhores. Quem ainda apareceu na lista dos 50 indicados foram os laterais Maicon e Daniel Alves, o zagueiro Lúcio e o goleiro Júlio César.

Um dos motivos apontados pelos comentaristas é a carência de revelações. Os melhores jogadores dos Campeonatos Brasileiros de 2005 e 2010 foram argentinos, Tevez e Conca; e um goleiro, Rogério Ceni, foi o melhor em dois anos seguidos, 2006 e 2007. A única revelação brasileira a ter esse prêmio nos últimos cinco anos foi Hernanes, meio-campista do São Paulo, melhor jogador do campeonato de 2008 (e desde 2010 atuando na Lazio). Hernanes, assim como as duas mais recentes revelações, Paulo Henrique Ganso e Neymar, do Santos, foi preterido por Dunga na Copa da África do Sul. Outros nomes surgiram, como o próprio Daniel Alves, Pato e outros, mas isso não impediu que os brasileiros saíssem da lista de craques dos últimos anos. O ex-jogador e comentarista Tostão, por exemplo, atribui essa carência à mentalidade das escolas formadoras, que exigem dos meninos um futebol sem criatividade. Mas há quem acredite que, até a Copa do Mundo no Brasil, em 2014, a entressafra de talentos já possa ter sido superada.

2001

OUTUBRO

14

O corredor Michael Schumacher conquista o Mundial de Fórmula 1.

DEZEMBRO

23

O Atlético Paranaense vence o Campeonato Brasileiro de Futebol.

2002

JULHO

30

O Brasil bate a Alemanha e se sagra pentacampeão na Copa do Mundo do Japão e da Coreia do Sul com dois gols de Ronaldo.

OUTUBRO

13

Pela quinta vez, o torneio de Fórmula 1 é vencido pelo alemão Michael Schumacher.

DEZEMBRO

15

O Santos Futebol Clube conquista o Brasileirão.

2003

OUTUBRO

12

Michael Schumacher vence pela sexta vez o Campeonato Mundial de Fórmula 1.

NOVEMBRO

30

O Cruzeiro Esporte Clube ganha o Campeonato Brasileiro de Futebol.

2004

AGOSTO

13

Começam os Jogos Olímpicos de Atenas.

29

A Seleção Masculina de vôlei fatura a medalha de ouro nos Jogos Olímpicos de Atenas

Durante a maratona dos Jogos Olímpicos de Atenas, o corredor Vanderlei Cordeiro de Lima, que liderava a prova, é agarrado pelo irlandês Cornelius Horan e só consegue faturar o bronze

OUTUBRO

24

O alemão Michael Schumacher leva a melhor no torneio de Fórmula 1 pela sétima vez.

DEZEMBRO

19

O Brasileirão é conquistado pelo Santos.

2005

OUTUBRO

16

O corredor espanhol Fernando Alonso vence o Campeonato de Fórmula 1 e se torna o vencedor mais novo da modalidade.

DEZEMBRO

4

O Corinthians leva o título de tetracampeão brasileiro de futebol.

2006

JULHO

9

A Itália ganha a Copa do Mundo de futebol, realizada na Alemanha.

OUTUBRO

22

Pelo segundo ano consecutivo, o espanhol Fernando Alonso vence o Mundial de Fórmula 1.

NOVEMBRO

19

O São Paulo Futebol Clube se sagra campeão do Brasileirão.

2007

OUTUBRO

21

O piloto Kimi Räikkönen se torna campeão mundial de Fórmula 1.

31

O São Paulo Futebol Clube fatura o Campeonato Brasileiro.

2008

AGOSTO

8

Começam os Jogos Olímpicos de Pequim.

16

O nadador Cesar Cielo conquista a medalha de ouro nos Jogos Olímpicos de Pequim, nos 50 metros livre.

23

A Seleção Feminina de Vôlei conquista a medalha de Ouro em Pequim.

NOVEMBRO

2

O corredor inglês Lewis Hamilton vence o circuito de Fórmula 1.

DEZEMBRO

7

Pelo terceiro ano seguido, o São Paulo Futebol Clube conquista o Brasileirão e se torna hexacampeão nacional.

2009

JULHO

30

Cesar Cielo conquista o recorde mundial de 100 metros livre.

OUTUBRO

2

O Rio de Janeiro é escolhido para sediar as Olimpíadas de 2016, pela primeira vez na América do Sul.

NOVEMBRO

1º

O inglês Jenson Button ganha o Mundial de Fórmula 1.

DEZEMBRO

6

O Flamengo é o campeão brasileiro de futebol.

18

O nadador Cesar Cielo bate o recorde mundial de 50 metros livre.

2010

JULHO

11

A Espanha vence a Copa do Mundo da África do Sul.

14

O piloto alemão Sebastian Vettel vence o torneio de Fórmula 1.

DEZEMBRO

2

A Fifa anuncia que a Rússia irá sediar a Copa de 2018 e o Catar, no Oriente Médio, a de 2022.

5

Após 26 anos, o Fluminense vence o Campeonato Brasileiro.

17

Cesar Cielo conquista mais um recorde mundial nos 50 metros livre

19

Cielo bate novo recorde mundial nos 100 metros livres.

2001

JANEIRO

12

O compositor e violonista carioca Luiz Bonfá morre aos 78 anos.

Morre o atleta Adhemar Ferreira da Silva, vencedor de uma medalha de ouro nos Jogos de Helsinque-52 e de Melbourne-56 na prova do salto triplo. Ele tinha 73 anos.

13

Um terremoto de 7,6 pontos de magnitude atinge El Salvador, matando 700 pessoas.

20

George W. Bush é empossado o 43º presidente dos Estados Unidos.

26

O estado de Gujarat, na Índia, é devastado por um terremoto que chegou a 7,9 pontos na escala Richter. Quase 20 mil pessoas morrem.

FEVEREIRO

4

Herbert Vianna, vocalista do grupo Os Paralamas do Sucesso, despenca de um ultraleve sobre o mar no litoral sul do Rio de Janeiro e entra em coma. Sua mulher, Lucy, que o acompanhava no voo, não sobrevive à queda.

18

Localizados em 19 cidades do estado de São Paulo, mais de 20 presídios se rebelam simultaneamente. Quase 10 mil familiares que visitavam os presos viram reféns.

Morre o pintor francês Balthus, aos 92 anos.

19

Morre o cineasta americano Stanley Kramer, diretor de *Julgamento em Nuremberg* (1961). Tinha 87 anos.

27

Fundador do Unibanco, o banqueiro e ex--embaixador Walther Moreira Salles morre aos 88 anos.

MARÇO

6

O governador de São Paulo, o tucano Mário Covas, morre aos 70 anos.

22

Morre William Hanna, um dos pioneiros do desenho animado e cofundador do estúdio Hanna-Barbera. Tinha 90 anos.

ABRIL

15

Morre aos 49 anos o americano Joey Ramone, vocalista da banda Ramones.

25

Os parlamentares José Roberto Arruda e Antonio Carlos Magalhães são acusados de violar o painel eletrônico do Senado para descobrir como seus pares votaram na sessão em que o colega Luiz Estevão foi cassado.

30

Maria Clara Machado, escritora mineira, morre aos 80 anos.

MAIO

12

Morre o ex-jogador de futebol Didi, aos 71 anos.

24

O senador José Roberto Arruda renuncia ao cargo.

25

Morre o fotógrafo cubano Alberto Díaz Gutiérrez, de 72 anos, conhecido como Korda e autor da célebre imagem na qual Che Guevara aparece barbudo e de boina.

30

O senador Antônio Carlos Magalhães deixa o posto.

JUNHO

1º

Armado com uma submetralhadora e um fuzil, o príncipe herdeiro do trono do Nepal, Dipendra, mata o pai, o Rei Birendra, a mãe, a Rainha Aishwarya, dois irmãos, dois tios, duas tias e uma prima. Depois, acaba com a própria vida. O motivo: o casamento dele com a sobrinha de um marajá indiano e filha de um clã rival havia sido proibido por seus pais.

3

Anthony Quinn, ator mexicano, morre aos 86 anos.

10

Filha mais nova de Reza Pahlevi, ex--xá do Irã, a Princesa Leila, de 31 anos, é encontrada morta em um hotel em Londres.

11

O ex-soldado da Guerra do Golfo Timothy McVeigh, autor da explosão de um prédio do governo americano em Oklahoma que tirou a vida de 168 pessoas, é executado pela Justiça dos Estados Unidos.

13

O guitarrista Marcelo Fromer, integrante da banda Titãs, morre aos 39 anos após ser atropelado por um moto em São Paulo.

20

Deprimida e fora de si, a americana Andrea Yates afoga os cinco filhos, com idades entre 6 meses e 7 anos, em uma banheira da casa da família, em Houston, nos Estados Unidos.

24

Morre o geógrafo baiano Milton Santos, de 75 anos.

JULHO

8

O dono da TAM, o comandante Rolim Amaro, de 58 anos, morre em um acidente de helicóptero.

27

João Paulo Diniz, filho do empresário Abílio Diniz, cai com seu helicóptero no litoral paulista. Sua namorada, Fernanda Vogel, e um dos dois pilotos não sobrevivem.

AGOSTO

6

O escritor baiano Jorge Amado morre aos 88 anos.

21

Patricia Abravanel, de 24 anos, uma das filhas do apresentador Silvio Santos, é sequestrada quando saía de casa, em São Paulo. Ela é libertada sete dias depois.

30

Armado, Fernando Dutra, o líder da quadrilha que sequestrou a filha de Silvio Santos, invade a casa do apresentador. Geraldo Alckmin, o governador de São Paulo, é convocado para acalmar o bandido.

SETEMBRO

10

Prefeito de Campinas, Antonio da Costa Santos, o Toninho do PT, é morto a tiros no volante de seu carro.

11

Dois aviões de passageiros tomados por terroristas derrubam as torres gêmeas do World Trade Center, em Nova York. Nos arredores de Washington, outra aeronave sequestrada despenca sobre o Pentágono, sede do poder militar americano. Também rendido, um quarto avião se espatifa perto de Pittsburgh, depois que os passageiros enfrentaram os sequestradores. Reivindicados pela rede Al Qaeda, os atentados tiram a vida de cerca de 3 mil pessoas.

24

Morre aos 69 anos o artista plástico Thomaz Ianelli.

26

Morre o diretor de televisão Walter Avancini, responsável por novelas como *Beto Rockfeller* (1968). Tinha 66 anos.

OUTUBRO

4

Acuado por uma série de acusações de corrupção, o senador Jader Barbalho, ex-presidente do Senado, renuncia ao mandato.

7

Com a meta de capturar o saudita Osama Bin Laden, apontado como o autor dos atentados de 11 de setembro, o exército dos Estados Unidos ataca o Afeganistão, país onde o terrorista e outros militantes da rede Al Qaeda se aninham.

9

Roberto Campos, ex-ministro do Planejamento, morre aos 84 anos.

NOVEMBRO

29

Morre o ex-Beatle George Harrison, aos 58 anos.

DEZEMBRO

20

Rejeitado pela população e por políticos, o presidente da Argentina Fernando de La Rúa renuncia ao cargo na metade do mandato.

29

Morre aos 39 anos a cantora Cássia Eller.

2002

JANEIRO

1º

O euro passa a ser utilizado como moeda única em 12 países da Europa.

2

Fernando Dutra, um dos sequestradores de Patricia Abravanel, filha do apresentador Silvio Santos, morre em uma prisão de São Paulo.

17

Morre aos 85 anos o escritor espanhol Camilo José Cela.

20

O prefeito de Santo André, Celso Daniel, do PT, sequestrado dois dias antes, é encontrado sem vida, com perfurações de bala.

21

A cantora americana Peggy Lee morre aos 81 anos.

24

Morre o filósofo e sociólogo Pierre Bourdieu. Estava com 71 anos.

FEVEREIRO

2

O publicitário Washington Olivetto é libertado após sequestro que durou 53 dias.

10

Ex-adido militar dos Estados Unidos no Brasil, o general americano Vernon Walters morre aos 85 anos.

12

Começa o julgamento no tribunal de Haia, na Holanda, do ex-ditador da Iugoslávia Slobodan Milosevic, acusado de genocídio e crimes contra a humanidade.

15

Após sofrer acidente de carro, a ex-Primeira-Dama do Estado de São Paulo Lucy Montoro morre aos 85 anos.

21

O departamento de Estado americano confirma a morte do jornalista Daniel Pearl, do *The Wall Street Journal*, sequestrado no Paquistão desde 23 de janeiro de 2002.

23

Ingrid Betancourt, candidata à Presidência da Colômbia, e sua chefe de campanha, Clara Rojas, são sequestradas no país pelas Farc (Forças Armadas Revolucionárias da Colômbia).

MARÇO

1º

A Polícia Federal invade o escritório da empresa de consultoria Lunus, de propriedade da governadora do Maranhão, Roseana Sarney, e de seu marido, Jorge Murad. É encontrado 1,34 milhão de reais em dinheiro.

8

Morre aos 69 anos a escritora Cassandra Rios.

23

Integrantes do Movimento dos Trabalhadores Sem-Terra (MST) invadem por 22 horas a fazenda dos filhos do presidente Fernando Henrique Cardoso, em Buritis, Minas Gerais.

27

Morre o cineasta Billy Wilder, de *Quanto mais Quente, Melhor* (1959). Tinha 95 anos.

30

Elizabeth, a Rainha-Mãe da Inglaterra, morre aos 101 anos.

ABRIL

22

Protagonista do filme *Garganta Profunda* (1972), a atriz pornô Linda Lovelace, de 53 anos, morre em decorrência de um acidente de carro ocorrido no início do mês.

27

Morre a criadora da boneca Barbie, a americana Ruth Handler, de 85 anos.

2002

MAIO

19

A italiana Amabile Lucia Visintainer, a madre Paulina, que passou quase toda a vida no Brasil, é canonizada pelo Vaticano.

30

Ator e compositor, Mário Lago morre aos 90 anos.

JUNHO

2

Em busca de uma reportagem sobre bailes funk, o jornalista Tim Lopes, da Rede Globo, entra numa favela na Zona Norte do Rio de Janeiro. Nunca mais é encontrado.

21

Morre o autor do romance *Hilda Furacão*, o escritor mineiro Roberto Drummond, de 68 anos.

30

Morre o médium Francisco Cândido Xavier, o Chico Xavier, principal difusor do espiritismo no Brasil. Estava com 92 anos.

JULHO

8

Poeta cearense, Patativa do Assaré morre aos 93 anos.

30

O Brasil bate a Alemanha e se sagra pentacampeão na Copa do Mundo do Japão e da Coreia do Sul com dois gols de Ronaldo.

AGOSTO

19

O terrorista Abu Nidal, um dos mais procurados do mundo, é encontrado morto em Bagdá, no Iraque.

2002

SETEMBRO

OUTUBRO

12

Duas bombas acionadas por terroristas islâmicos tiram a vida de 200 turistas em Bali, na Indonésia.

Maestro e trombonista, o americano Ray Conniff morre aos 85 anos.

23

Cerca de 50 terroristas chechenos invadem o teatro do Palácio da Cultura, em Moscou. Durante o confronto, 150 pessoas inocentes morrem.

27

Luiz Inácio Lula da Silva é eleito presidente do Brasil.

31

O engenheiro Manfred von Richthofen e sua mulher, Marísia, são assassinados a golpes de barras de ferro na casa deles, em São Paulo. Os autores do crime são a filha do casal, Suzane, seu namorado, Daniel Cravinhos, e o irmão deste, Cristian.

NOVEMBRO

22

Morre o escultor mineiro Amilcar de Castro, de 82 anos.

DEZEMBRO

11

O ator Carlos Zara morre aos 72 anos.

12

Morre o indigenista Orlando Villas Boas. Tinha 88 anos.

21

Detida por quase três anos no Brasil a pedido do governo do México, onde é processada por corrupção de menores, a cantora mexicana Gloria Trevi é deportada para seu país.

JANEIRO

22

Viúva de Cartola, Euzébia Silva de Oliveira, a Dona Zica, morre aos 89 anos.

24

Mauro Mateus dos Santos, o *rapper* Sabotage, de 29 anos, é assassinado por um desconhecido em São Paulo.

28

Morre o pintor pernambucano Cícero Dias, de 95 anos.

FEVEREIRO

1º

A nave espacial Columbia, da NASA, se desintegra ao entrar na atmosfera terrestre, tirando a vida de seus sete tripulantes.

8

Morre o empresário Manoel Francisco do Nascimento Brito, de 80 anos, que comandou o *Jornal do Brasil* por cinco décadas.

10

Ator gaúcho, José Lewgoy morre aos 82 anos.

24

Aterrorizado com a possibilidade de perder uma das três estrelas que o *Guia Michelin* atribuía a seu restaurante, o cozinheiro francês Bernard Loiseau comete suicídio aos 52 anos.

Morre o ator italiano Alberto Sordi, de 82 anos.

MARÇO

4

Morre aos 60 anos a cantora paulistana Celly Campello.

20

Os Estados Unidos invadem o Iraque.

ABRIL

9

Escultor espanhol, Jorge Oteiza morre aos 94 anos.

11

Três cubanos que haviam roubado uma embarcação para fugir de Cuba são fuzilados pelo governo de Fidel Castro.

17

Criador da dieta que recomenda a ingestão de alimentos gordurosos e de pouco carboidrato, o médico Robert Atkins morre aos 72 anos.

21

Morre a cantora americana Nina Simone, aos 70 anos.

22

Morre aos 52 anos o dramaturgo paulista Mauro Rasi.

2003

MAIO

5

Poeta e compositor baiano, Waly Salomão morre aos 59 anos.

12

Acusada de sequestrar os filhos de criação Roberta e Osvaldo (chamado de Pedrinho pelos pais biológicos), Vilma Martins é presa em Goiás.

15

Morre o jurista e historiador gaúcho Raymundo Faoro. Tinha 78 anos.

25

Após ter sua casa em Petrópolis, no Rio de Janeiro, assaltada, o produtor musical Almir Chediak, de 52 anos, é assassinado pelos bandidos.

JUNHO

12

O compositor paulista Itamar Assumpção morre aos 53 anos.

27

Autor de *Amor Estranho Amor* (1982), o cineasta Walter Hugo Khouri morre aos 73 anos.

29

Katharine Hepburn, atriz americana, morre aos 96 anos.

JULHO

4

Morre o cantor americano Barry White. Tinha 58 anos.

5

A Organização Mundial da Saúde (OMS) anuncia que a pneumonia de Sars, que matou quase mil pessoas e infectou outras 8 mil, foi controlada em todo o mundo.

12

Morre o ator americano Gregory Peck, aos 87 anos.

13

O cantor cubano Compay Segundo morre aos 95 anos.

18

Consultor do Departamento de Defesa da Inglaterra, o cientista inglês David Kelly comete suicídio após ter sido apontado como a fonte de uma reportagem da rede BBC que afirmava que o governo havia exagerado ao afirmar a existência de armas de destruição em massa no Iraque.

24

O ator paulista Rogério Cardoso morre aos 66 anos.

27

Morre o comediante inglês Bob Hope. Tinha 100 anos.

AGOSTO

1º

Milhares de pessoas, na maioria idosas, morrem na França em consequência de uma onda de calor que assolou a Europa.

2

Compositor e violonista paulista, Paulinho Nogueira morre aos 75 anos.

6

Morre o empresário carioca Roberto Marinho, dono da Rede Globo. Tinha 98 anos.

16

Poeta, tradutor e ensaísta, o paulistano Haroldo de Campos morre aos 74 anos.

19

Um caminhão-bomba destrói a sede da Organização das Nações Unidas (ONU) em Bagdá, matando o diplomata brasileiro Sérgio Vieira de Mello e outras 16 pessoas.

22

Explode o Veículo Lançador de Satélites (VLS), da Aeronáutica, em construção no Maranhão. Cerca de 20 técnicos perdem a vida.

30

Morre aos 81 anos o ator americano Charles Bronson.

2003

SETEMBRO

8

Cineasta alemã, Leni Riefenstahl morre aos 101 anos.

12

Morre o cantor americano Johnny Cash. Tinha 71 anos.

16

Aos 44 anos, o editor de revistas Andrea Carta morre ao despencar de uma janela do 5º andar do apartamento do empresário Rogério Fasano, em São Paulo.

28

Diretor de *Sindicato de Ladrões* (1954), o cineasta Elia Kazan morre aos 94 anos.

OUTUBRO

28

Morre a cantora carioca Nora Ney, de 81 anos.

NOVEMBRO

4

A escritora cearense Rachel de Queiroz morre aos 92 anos.

5

Os estudantes Liana Friedenbach, de 16 anos, e Felipe Caffé, de 19 anos, são assassinados por cinco homens na região de Embu-Guaçu, na Grande São Paulo, onde acampavam.

15

Terroristas suicidas detonam bombas diante de duas sinagogas em Istambul, na Turquia, matando mais de 20 pessoas.

20

Carros-bomba estraçalham a agência central do banco HSBC em Istambul, na Turquia, e uma explosão destrói parte do prédio do consulado inglês na cidade. No total, 27 pessoas perdem a vida.

DEZEMBRO

3

O alemão Armin Meiwes confessa à Justiça ter matado o técnico em computação Bernd Juergen comendo nacos de seu corpo. A vítima queria ser devorada e concordou com o processo macabro.

8

Morre o pianista cubano Ruben Gonzalez. Tinha 84 anos.

13

Saddam Hussein é encontrado pelas tropas americanas num buraco no Iraque em Tikrit, sua cidade natal.

18

O pintor de carros americano Gary Ridgway, que confessou à Justiça dos Estados Unidos ter assassinado 48 mulheres, é condenado à prisão perpétua.

26

Um terremoto de 6,3 graus de magnitude devasta a cidade de Bam, no Sul do Irã, matando quase 26 mil pessoas.

2004

JANEIRO

9

Morre o diretor de *O Bandido da Luz Vermelha* (1968), o catarinense Rogério Sganzerla, de 57 anos.

Filósofo e escritor italiano, Norberto Bobbio morre aos 94 anos.

13

Conhecido como Doutor Morte, por ter assassinado cerca de 200 pacientes, o médico britânico Harold Shipman se enforca em uma prisão na Inglaterra.

16

É descoberto que Waldomiro Diniz, assessor e antigo amigo do ministro--chefe da Casa Civil, José Dirceu, manteve associação com um explorador de jogos ilegais de azar.

19

O turco Orkut Büyükkökten, analista de sistemas do Google, cria uma comunidade virtual batizada com seu primeiro nome.

23

Morre aos 83 anos o fotógrafo alemão Helmut Newton, após sofrer um acidente de carro em Los Angeles, nos Estados Unidos.

28

Ex-chefe da equipe americana de inspeção de armas no Iraque, David Kay afirma que o país não possui arsenal de destruição em massa, em depoimento ao Senado dos Estados Unidos.

FEVEREIRO

4

A escritora paulista Hilda Hilst morre aos 73 anos.

O site de relacionamentos Facebook é lançado.

MARÇO

5

Morre o boêmio carioca Jorginho Guinle, aos 88 anos.

11

Dez bombas explodem em trens de Madri, matando quase 200 pessoas e deixando outras 1.500 feridas. A autoria do atentado é assumida por uma célula local da rede Al Qaeda.

18

A Universidade de Brasília (UNB) anuncia que reservará 20% das vagas de seu vestibular para negros.

22

Aos 67 anos, o xeque Ahmed Yassin, líder do Hamas, morre em um ataque realizado por helicópteros israelenses em Gaza.

ABRIL

4

Morre o sociólogo paulista Octavio Ianni, de 77 anos.

28

A rede de televisão americana CBS exibe imagens de iraquianos sendo torturados por soldados dos Estados Unidos na prisão de Abu Ghraib, próxima a Bagdá.

MAIO

1º

Com a adesão de dez novos membros, a maior parte deles do Leste Europeu, a União Europeia passa a agrupar 25 países.

3

Morre a artista plástica fluminense Lygia Pape, de 75 anos.

JUNHO

3

O ex-estudante de medicina Mateus da Costa Meira, que matou três pessoas em 1999 ao abrir fogo numa sala de cinema de um shopping em São Paulo, é condenado a 120 anos de prisão.

5

O ex-presidente americano Ronald Reagan morre aos 93 anos.

10

Morre o músico americano Ray Charles aos 73 anos.

21

Ex-governador do Rio de Janeiro e do Rio Grande do Sul, o gaúcho Leonel Brizola morre aos 82 anos.

JULHO

1º

Morre o ator americano Marlon Brando. Tinha 80 anos.

AGOSTO

2

Fotógrafo francês, Henri Cartier-Bresson morre aos 95 anos.

13

Começam os Jogos Olímpicos de Atenas.

29

A Seleção Masculina de vôlei fatura a medalha de ouro nos Jogos Olímpicos de Atenas

Durante a maratona dos Jogos Olímpicos de Atenas, o corredor Vanderlei Cordeiro de Lima, que liderava a prova, é agarrado pelo irlandês Cornelius Horan e só consegue faturar o bronze.

2004

SETEMBRO

1º

Terroristas chechenos invadem uma escola em Beslan, no interior da Rússia, e fazem mais de mil reféns durante três dias. Cerca de 200 pessoas são assassinadas, a maioria crianças.

OUTUBRO

1º

Morre aos 81 anos o fotógrafo americano especializado em moda Richard Avedon.

3

Morre a estrela de *Psicose* (1960), de Alfred Hitchcock, a atriz americana Janet Leigh, de 77 anos.

8

Morre o filósofo francês Jacques Derrida, aos 74 anos.

9

O Afeganistão realiza a primeira eleição presidencial de sua história, vencida por Hamid Karzai, que já estava no posto interinamente desde os ataques dos Estados Unidos ao país.

10

Morre o ator americano Christopher Reeve, famoso por interpretar o Super-Homem no cinema. Tinha 52 anos.

11

Morre aos 80 anos o escritor mineiro Fernando Sabino.

NOVEMBRO

2

George W. Bush é reeleito presidente dos Estados Unidos.

11

Presidente da Autoridade Palestina, Yasser Arafat morre aos 75 anos.

DEZEMBRO

26

Um terremoto de 9,2 graus no fundo do oceano Índico gera um tsunami que devasta o litoral de vários países asiáticos, matando 230 mil pessoas.

28

Morre aos 71 anos a filósofa americana Susan Sontag.

JANEIRO

3

O cartunista americano Will Eisner morre aos 87 anos.

9

Mahmoud Abbas é eleito substituto de Yasser Arafat.

17

Ex-líder do Partido Comunista Chinês, Zhao Ziyang morre aos 85 anos.

Sambista recifense, Bezerra da Silva morre aos 77 anos.

19

Morre o artista plástico venezuelano Jesús Soto. Tinha 81 anos.

FEVEREIRO

10

Morre aos 89 anos o dramaturgo americano Arthur Miller.

12

A missionária americana Dorothy Stang, que militava pela defesa dos direitos humanos na Amazônia, é morta a tiros por pistoleiros no município de Anapu, no Pará.

13

Morre aos 97 anos a irmã Lúcia, que declarou, com dois primos, ter visto quando criança a Virgem Maria em Fátima, em Portugal.

14

Ex-premiê do Líbano e um dos políticos mais populares do país, Rafik Hariri morre em um atentado com um carro-bomba.

15

Os jovens Chad Hurley e Steve Chen criam o site YouTube.

20

Morre aos 67 anos o jornalista americano Hunter S. Thompson, inventor do "gonzo journalism".

21

Guillermo Cabrera Infante, escritor cubano, autor de *Três Tristes Tigres*, morre aos 75 anos.

MARÇO

8

Morre o físico curitibano Cesar Lattes, de 80 anos.

17

Morre o diplomata americano George Kennan, estrategista da Guerra Fria. Tinha 101 anos.

20

O cantor e pianista americano Bobby Short morre aos 80 anos.

22

Morre aos 91 anos o arquiteto japonês Kenzo Tange.

31

Morre a americana Terri Schiavo, de 41 anos, que viveu 15 anos em estado vegetativo, após uma longa batalha jurídica entre seus pais, Mary e Robert Schindler, e seu marido, Michael, defensor da eutanásia da esposa.

ABRIL

2

O polonês Karol Wojtyla, o Papa João Paulo II, morre aos 84 anos.

5

Morre o escritor americano de origem canadense Saul Bellow, autor de *O Planeta do Sr. Sammler*, aos 89 anos.

6

Morre o Príncipe Rainier III de Mônaco. Tinha 81 anos.

19

O cardeal alemão Joseph Ratzinger é eleito novo papa. Ele opta por ser chamado de Bento XVI.

2005

MAIO

14

É divulgado pela imprensa um vídeo no qual Maurício Marinho, diretor dos Correios, aparece recebendo R$ 3.000 de propina.

23

Morre o paranaense Waldemar Seyssel, o palhaço Arrelia, aos 99 anos.

JUNHO

6

Presidente do Partido Trabalhista Brasileiro (PTB), Roberto Jefferson confirma a existência do esquema do mensalão, propina paga pelo PT a deputados federais.

16

Sob o peso da acusação de comandar o esquema com o qual o PT comprava votos de deputados, José Dirceu deixa o cargo de ministro-chefe da Casa Civil.

JULHO

7

Quatro explosões destroem um ônibus e três vagões do metrô de Londres, matando 50 pessoas e deixando mais de 700 feridos.

8

Um assessor do deputado estadual cearense José Guimarães, irmão de José Genoino, o presidente nacional do PT, é detido no aeroporto de Congonhas, em São Paulo, com 200 mil reais em uma valise e 100 mil dólares na cueca.

13

Ex-presidente da operadora de telefonia WorldCom, Bernard Ebbers é condenado a 25 anos de prisão por orientar seus funcionários a fraudar acionistas e investidores.

22

Confundido com um terrorista, o mineiro Jean Charles de Menezes é executado a tiros por policiais ingleses numa estação do metrô de Londres.

31

Revelado que o empresário Marcos Valério negociava empréstimos em nome do Partido dos Trabalhadores.

AGOSTO

1º

Waldemar da Costa Neto, o presidente do Partido Liberal, renuncia ao cargo de deputado federal após admitir ter recebido dinheiro do PT para quitar dívidas de campanha.

Afastado do poder desde 1995, quando sofreu um derrame cerebral, o Rei Fahd, da Arábia Saudita, morre aos 82 anos.

5

Uma quadrilha leva R$ 164 milhões do prédio do Banco Central em Fortaleza através de um túnel.

6

Morre aos 78 anos o cantor cubano Ibrahim Ferrer.

13

Morre o político cearense Miguel Arraes, ex-governador de Pernambuco. Tinha 88 anos.

15

O exército e colonos israelenses começam a desocupar a Faixa de Gaza, território palestino onde estavam desde 1967.

29

Um furacão apelidado de Katrina varre o sul dos Estados Unidos e alaga cidades como New Orleans, tirando a vida de 1.800 pessoas.

2005

SETEMBRO

8

O empresário Sebastião Buani confirma que, para manter a concessão de seu restaurante na Câmara dos Deputados, precisou pagar propina ao presidente da casa, Severino Cavalcanti, quando este ainda era primeiro-secretário.

14

Diretor de *A Noviça Rebelde* (1965), o cineasta americano Robert Wise morre aos 91 anos.

27

Morre o comediante paulista Ronald Golias, de 76 anos.

30

O jornal dinamarquês *Jyllands-Posten* publica 12 charges com caricaturas do profeta Maomé. Os cartuns causam protestos violentos em países islâmicos.

OUTUBRO

3

A cantora carioca Emilinha Borba morre aos 82 anos.

8

Um tremor de 7,6 graus na escala Richter devasta a Caxemira, entre o Paquistão e a Índia, deixando milhões de desabrigados e cerca de 80 mil mortos.

21

Shirley Horn, cantora americana, morre aos 71 anos.

23

Em referendo, o Brasil decide não proibir a venda de armas de fogo e munição no país.

24

Pioneira na luta pela igualdade racial nos Estados Unidos, a costureira Rosa Parks morre aos 92 anos.

27

Revoltados com a morte de dois adolescentes filhos de estrangeiros, franceses queimam mais de 9 mil veículos ao redor de Paris.

NOVEMBRO

27

É realizado o primeiro transplante de rosto do mundo, na francesa Isabelle Dinoire, que foi desfigurada por um cachorro.

DEZEMBRO

30

O teatrólogo italiano Gianni Ratto morre aos 89 anos.

2006

JANEIRO

4

O primeiro-ministro de Israel Ariel Sharon sofre um grave derrame cerebral e entra em coma. O poder é transferido para Ehud Olmert.

7

Comandante da Missão de Estabilização das Nações Unidas no Haiti, o general brasileiro Urano Teixeira da Matta Bacellar é encontrado morto no quarto de hotel em que estava hospedado, em Porto Príncipe.

28

Um bebê de dois meses do sexo feminino é encontrado boiando na Lagoa da Pampulha, dentro de um saco plástico. Sua mãe, a vendedora Simone Cassiano, autora do crime, é presa no dia seguinte.

FEVEREIRO

4

Morre aos 85 anos a escritora e feminista americana Betty Friedan.

5

O artista plástico cearense Aldemir Martins morre aos 83 anos.

7

Morre o pintor albanês Ibrahim Kodra, de 87 anos.

MARÇO

11

Ex-ditador da antiga Iugoslávia, Slobodan Milosevic morre aos 64 anos.

21

Os americanos Jack Dorsey, Evan Williams e Biz Stone lançam o microblog Twitter.

27

Acusado de ordenar a quebra do sigilo bancário do caseiro que denunciara suas idas a uma mansão em Brasília, onde foram armadas negociatas, Antonio Palocci deixa o cargo de ministro da Fazenda.

ABRIL

10

O arquiteto capixaba Paulo Mendes da Rocha vence o Prêmio Pritzker, considerado o Nobel da arquitetura.

14

O jurista paulista Miguel Reale morre aos 95 anos.

21

Morre o técnico de futebol mineiro Telê Santana. Tinha 74 anos.

29

Economista canadense naturalizado americano, John Kenneth Galbraith morre aos 97 anos.

30

Ex-governador do Rio de Janeiro e pré--candidato à Presidência da República, Anthony Garotinho inicia uma greve de fome em protesto a uma suposta campanha contra sua imagem, orquestrada pela mídia e por outros concorrentes.

2006

MAIO

5

Por US$ 7,4 bilhões, a Disney compra o estúdio de animação Pixar, cujo maior acionista é o empresário Steve Jobs.

12

A facção criminosa autointitulada PCC (Primeiro Comando da Capital) inicia uma onda de ataques no estado de São Paulo que resulta na morte de mais de 100 pessoas.

27

Um terremoto de 6,2 pontos na escala Richter devasta a cidade de Yogyakarta, a capital cultural da ilha de Java, na Indonésia, matando quase 6 mil pessoas.

JUNHO

8

O terrorista jordaniano Abu Musab al-Zarqawi, o segundo mais procurado depois de Osama Bin Laden, morre em um ataque aéreo americano, no Iraque.

12

Militantes libaneses do Hezbollah atravessam a fronteira com Israel, matam oito soldados e sequestram outros dois. Em retaliação, Israel bombardeia o sul do Líbano.

17

Humorista carioca, Bussunda morre aos 43 anos.

JULHO

9

A Itália ganha a Copa do Mundo de futebol, realizada na Alemanha.

17

Um tsunami formado por um tremor de 7,7 graus na escala Richter, no oceano Índico, atinge o sul da ilha de Java, na Indonésia, tirando a vida de cerca de 600 pessoas.

18

Morre aos 73 anos o ator paulistano Raul Cortez.

22

Morre o ator e dramaturgo italiano Gianfrancesco Guarnieri, que desde os 2 anos viveu no Brasil. Tinha 71 anos.

AGOSTO

6

O compositor e saxofonista pernambucano Moacir Santos morre aos 80 anos.

24

A União Astronômica Internacional rebaixa Plutão à categoria de planeta anão.

2006

SETEMBRO

10

Comandante da invasão policial ao presídio do Carandiru que resultou na morte de 111 detentos em 1992, o coronel Ubiratan Guimarães é encontrado morto em seu apartamento em São Paulo.

29

Com 154 pessoas a bordo, um Boeing da Gol colide nos céus da Amazônia com um jato Legacy, pilotado por dois americanos, os únicos sobreviventes do acidente.

OUTUBRO

2

O caminhoneiro Charles Carl Roberts invade a escola de uma comunidade amish na Pensilvânia, nos Estados Unidos. Cercado pela polícia, ele dispara contra as jovens reféns e se suicida. Cinco meninas morrem.

29

Luiz Inácio Lula da Silva é reeleito presidente do Brasil.

NOVEMBRO

9

O site YouTube, que chegou aos 50 milhões de visitantes em 2006, é comprado pelo Google por 1,6 bilhão de dólares.

16

Economista americano, Milton Friedman morre aos 94 anos.

17

Morre o ex-jogador de futebol húngaro Ferenc Puskás, de 79 anos.

20

O cineasta americano Robert Altman morre aos 81 anos.

27

Morre o ator fluminense Jece Valadão, de 76 anos.

DEZEMBRO

10

Morre Augusto Pinochet, ex-ditador do Chile. Tinha 91 anos.

14

O músico paraibano Sivuca morre aos 76 anos.

24

Morre o compositor carioca Braguinha, de 99 anos.

25

O cantor americano James Brown morre aos 73 anos.

26

Morre o ex-presidente americano Gerald Ford, que assumiu o cargo quando Richard Nixon renunciou por conta do escândalo Watergate. Tinha 93 anos.

28

Um ônibus com 28 passageiros, que fazia a rota Espírito Santo–São Paulo, é interceptado e queimado por traficantes na Avenida Brasil, no Rio de Janeiro. Sete passageiros morrem carbonizados.

30

O ex-ditador iraquiano Saddam Hussein é enforcado em Bagdá.

2007

JANEIRO

9

O empresário Steve Jobs, dono da Apple, anuncia o lançamento do iPhone.

12

Desaba a estação Pinheiros, da Linha 4 do metrô paulistano, ainda em construção, matando sete pessoas.

30

O escritor americano Sidney Sheldon morre aos 89 anos.

FEVEREIRO

7

Preso pelo cinto de segurança, o menino João Hélio, de 6 anos, morre ao ser arrastado por ruas do Rio de Janeiro pelos bandidos que roubaram o carro em que ele passeava com a mãe e a irmã.

MARÇO

16

A ex-deputada estadual Yara Vargas, sobrinha de Getúlio, morre aos 85 anos.

23

O rabino Henry Sobel, presidente do rabinato da Congregação Israelita Paulista (CIP), é detido em Palm Beach, na Flórida, sob a acusação de ter furtado gravatas.

ABRIL

11

Morre aos 84 anos o escritor americano Kurt Vonnegut, autor de *Matadouro 5*.

16

O estudante coreano Cho Seung-hui, de 23 anos, mata a tiros 32 colegas e professores em uma universidade na Virgínia, nos Estados Unidos, e depois se suicida.

17

A atriz Nair Bello morre aos 75 anos.

23

Morre o ex-presidente da Rússia Boris Ieltsin, de 76 anos.

24

Cientistas europeus anunciam a descoberta de um planeta semelhante a Terra fora do sistema solar que possuiria condições ideais para a existência de vida.

29

Dono da *Folha de S. Paulo*, o *publisher* Octavio Frias de Oliveira morre aos 94 anos.

2007

MAIO

JUNHO

3

A menina inglesa Madeleine McCann, de 3 anos, que passava as férias com os pais e os irmãos na Praia da Luz, em Portugal, desaparece do apartamento alugado pela família.

6

Deputado federal e cardiologista, Enéas Carneiro morre aos 68 anos.

25

Morre a cantora Carmem Costa, de 86 anos.

29

Os estudantes Alan Teixeira da Cunha e seu irmão gêmeo, Alex, se inscrevem no vestibular da Universidade de Brasília (UnB) por meio do sistema de cotas raciais. O segundo é considerado branco; o primeiro, não.

30

É revelado que o senador Renan Calheiros tinha despesas pessoais pagas por Cláudio Gontijo, lobista da empreiteira Mendes Júnior.

JULHO

17

Ao pousar no aeroporto de Congonhas, em São Paulo, um Airbus da TAM vindo de Porto Alegre não consegue frear e se espatifa sobre um prédio da própria companhia. Morrem as 187 pessoas a bordo e outras 12 que trabalhavam no edifício.

20

Morre Antonio Carlos Magalhães, senador e ex-governador baiano. Tinha 79 anos.

30

O cineasta sueco Ingmar Bergman morre aos 89 anos.

Morre Michelangelo Antonioni, cineasta italiano, de 94 anos.

AGOSTO

7

O traficante de drogas colombiano Juan Carlos Abadia é preso em São Paulo.

15

Um terremoto de 7,9 graus de magnitude devasta as cidades de Pisco, Ica, Chincha e Cañete, no Peru, matando cerca de 500 pessoas.

Morre o jornalista e escritor Joel Silveira, de 88 anos.

16

Max Roach, baterista americano, morre aos 83 anos.

2007

SETEMBRO

6

Morre aos 71 anos o tenor italiano Luciano Pavarotti.

OUTUBRO

12

O ator Paulo Autran morre aos 85 anos.

16

Morre a atriz escocesa Deborah Kerr, de 86 anos.

21

Uma menina de 15 anos, presa por tentativa de furto, é encarcerada em Abaetetuba, no Pará, numa cela com 20 homens. Antes de ser transferida, é torturada e estuprada por parte deles.

NOVEMBRO

8

A Petrobras confirma a descoberta de uma reserva de petróleo e gás na bacia de Santos, na camada geológica conhecida como pré-sal.

10

Morre o escritor americano Norman Mailer, de 84 anos.

22

Coreógrafo francês, Maurice Béjart morre aos 80 anos.

DEZEMBRO

9

Um terremoto de 4,9 pontos na escala Richter destrói o povoado de Caraíbas, no norte de Minas Gerais, onde viviam mais de 350 pessoas. Só uma menina de 5 anos morre.

13

O Senado derruba a prorrogação da Contribuição Provisória sobre Movimentação Financeira (CPMF), que rendia aos cofres públicos R$ 40 bilhões anuais.

23

Pianista e jazzista canadense, Oscar Peterson morre aos 82 anos.

27

Após participar de um comício em Rawalpindi, no Paquistão, a ex-Primeira-Ministra do país Benazir Bhutto é baleada por um desconhecido, que em seguida detona uma bomba, matando a si próprio e outras 20 pessoas.

JANEIRO

10

Morre o alpinista neozelandês Edmund Hillary, primeiro homem a pisar no topo do Monte Everest. Ele tinha 88 anos.

18

Bobby Fischer, enxadrista americano, morre aos 64 anos.

22

O ator americano Heath Ledger, de 28 anos, é encontrado morto em seu apartamento em Nova York, nos Estados Unidos.

27

Ex-ditador indonésio, Muhammad Suharto morre aos 86 anos.

29

Morre aos 66 anos o artista plástico carioca Rubens Gerchman.

FEVEREIRO

17

Kosovo, na região dos Bálcãs, anuncia sua independência da Sérvia, da qual era província.

19

Fidel Castro renuncia à Presidência de Cuba e entrega o poder ao irmão Raúl Castro.

MARÇO

12

Eliot Spitzer, o governador de Nova York, renuncia ao cargo após ser acusado de contratar prostitutas.

19

Autor do livro *2001: uma Odisseia no Espaço*, levado ao cinema por Stanley Kubrick, o cientista e escritor britânico Arthur Clarke morre aos 90 anos.

29

A menina Isabella Nardoni, de 5 anos, é assassinada pelo pai, Alexandre Nardoni, e pela madrasta, Anna Carolina Jatobá, e atirada em seguida pela janela do apartamento em que viviam em São Paulo, no 6º andar.

ABRIL

5

Astro de *Ben-Hur* (1959), o ator Charlton Heston morre aos 84 anos.

20

Desaparece o padre Adelir de Carli, que, trajando uma roupa térmica, subiu aos céus do Paraná preso a balões de gás hélio.

27

A polícia da Áustria descobre que o eletricista Josef Fritzl manteve trancafiada por 24 anos a filha Elizabeth, com quem teve sete crianças, no porão de sua casa.

2008

MAIO

3

Com ventos de 190 quilômetros por hora, o ciclone Nargis devasta o Mianmar e mata cerca de 23 mil pessoas.

12

Um terremoto de 7,9 pontos na escala Richter destrói a província de Sichuan, na China, matando mais de 22 mil pessoas.

O artista plástico americano Robert Rauschenberg morre aos 82 anos.

17

Morre aos 91 anos a escritora Zélia Gattai, viúva do romancista Jorge Amado.

23

Morre o político Jefferson Péres, de 76 anos.

26

Sydney Pollack, cineasta americano, morre aos 73 anos.

29

O Supremo Tribunal Federal libera o uso de células-troncos embrionárias em pesquisas científicas.

JUNHO

1º

O estilista argelino Yves Saint Laurent morre aos 71 anos.

14

Morre aos 95 anos o cantor Jamelão.

17

A atriz e dançarina Cyd Charisse, que coestrelou *Dançando na Chuva* (1952) ao lado de Gene Kelly, morre aos 86 anos.

24

Morre a antropóloga e ex-Primeira-Dama, Ruth Cardoso, de 77 anos.

JULHO

2

Ex-candidata a presidente da Colômbia, Ingrid Betancourt é resgatada pelo exército na selva do país após passar seis anos nas mãos das Farc.

19

Morre aos 101 anos a atriz Dercy Gonçalves.

31

Morre o artista plástico Athos Bulcão, de 90 anos.

AGOSTO

8

Começam os Jogos Olímpicos de Pequim.

16

Cantor e compositor baiano, Dorival Caymmi morre aos 94 anos.

O nadador Cesar Cielo conquista a medalha de ouro nos Jogos Olímpicos de Pequim, nos 50 metros livre.

23

A Seleção Feminina de Vôlei conquista a medalha de Ouro em Pequim.

27

Morre o banqueiro Olavo Setubal, de 85 anos.

2008

SETEMBRO

4

Morre aos 75 anos o cantor Waldick Soriano.

Morre o teatrólogo Fernando Torres, marido da atriz Fernanda Montenegro. Tinha 80 anos.

10

É ligado pela primeira vez o LHC, acelerador de partículas que poderá recriar as condições dos primeiros momentos após o Big Bang.

15

Um dos fundadores do Pink Floyd, o tecladista inglês Richard Wright morre aos 65 anos.

26

Morre o ator americano Paul Newman, de 83 anos.

OUTUBRO

18

Morre a estudante Eloá Pimentel, de 15 anos, que foi mantida refém no ABC paulista pelo ex-namorado, Lindemberg Alves, de 22 anos. Foi baleada por ele durante o resgate feito pela polícia.

NOVEMBRO

22

Uma tempestade despenca sobre o estado de Santa Catarina, causando alagamentos e deslizamentos em dezenas de municípios e a morte de mais de 100 pessoas.

DEZEMBRO

18

Morre aos 95 anos o ex-agente do FBI Mark Felt, a fonte apelidada de "Garganta Profunda" que ajudou o jornal *The Washington Post* a desvendar o caso Watergate e levou o presidente Nixon a renunciar à Casa Branca.

19

O governo do Rio de Janeiro ocupa permanentemente o morro Dona Marta, em Botafogo.

2009

JANEIRO

1º

Começa a vigorar no Brasil o novo acordo ortográfico firmado entre os países falantes de língua portuguesa.

13

O ministro da Justiça, Tarso Genro, concede refúgio político ao italiano Cesare Battisti, condenado à prisão perpétua na Itália.

15

Um Airbus da US Airways, com 155 pessoas a bordo, faz pouso forçado no rio Hudson, em Nova York. Todos sobrevivem.

20

Barack Hussein Obama toma posse como o 44º presidente dos Estados Unidos.

21

O maestro John Neschling é demitido da Orquestra Sinfônica do Estado de São Paulo (Osesp). O francês Yan Pascal Tortelier é anunciado provisoriamente como regente do grupo.

24

Morre o dramaturgo inglês Harold Pinter, de 78 anos, ganhador do Nobel de Literatura em 2005.

26

Renato Consorte, ator paulistano, morre aos 84 anos.

27

Morre o escritor John Updike, de 76 anos.

29

O lutador de jiu-jitsu Hélio Grace, responsável por popularizar o esporte no Brasil, morre aos 95 anos.

FEVEREIRO

13

A brasileira Paula Oliveira, que afirmou ter sido retalhada a faca na Suíça por três *skinheads* e perdido os bebês que esperava, confessa à polícia que se automutilou e que não estava grávida.

MARÇO

17

Morre o estilista e deputado federal Clodovil Hernandes, de 71 anos.

19

O Supremo Tribunal Federal decide que a demarcação da reserva indígena Raposa Serra do Sol, em Roraima, deve ser contínua. Com a decisão, a área só poderá ser ocupada por índios.

31

Morre o político Raúl Alfonsín, que presidiu a Argentina após a ditadura militar do país, em 1983. Ele tinha 82 anos.

ABRIL

6

Um terremoto que atingiu 6,3 pontos da escala Richter devasta cidades na região do Abruzzo, no centro da Itália. Cerca de 300 pessoas morrem.

22

O fotógrafo paulistano Otto Stupakoff morre aos 73 anos.

MAIO

(Primeira semana)

Um novo vírus da gripe – batizado de influenza A (H1N1) – é descoberto na Cidade do México e se alastra para outros países.

2

O dramaturgo Augusto Boal morre aos 78 anos.

22

Morre o músico carioca Zé Rodrix, da dupla Sá & Guarabyra. Tinha 61 anos.

26

Morre o artista plástico paulistano Arcangelo Ianelli, de 86 anos.

JUNHO

1º

Um Airbus da Air France que fazia a rota Paris–Rio de Janeiro cai sobre o oceano Atlântico. Nenhum dos 228 passageiros sobrevive.

3

O ator americano David Carradine, que ganhou fama nos anos de 1970 ao participar da série *Kung Fu*, morre aos 72 anos.

25

Morre aos 50 anos o cantor Michael Jackson.

Morre a atriz Farrah Fawcett, de 62 anos.

28

Soldados invadem a casa do presidente de Honduras, Manuel Zelaya, e o expatriam para a Costa Rica.

29

O investidor americano Bernard Madoff é condenado a 150 anos de prisão por fraude contra o sistema financeiro.

Um Airbus da Yemenia Airways, com 153 passageiros, cai no oceano Índico, na costa leste da África. Apenas uma adolescente sobrevive, resgatada 13 horas depois do desastre sobre destroços da aeronave

30

Dançarina e coreógrafa alemã, Pina Bausch morre aos 68 anos.

JULHO

1º

Morre o médico e deputado federal José Aristodemo Pinotti, de 74 anos.

6

Morre Robert McNamara, ex-secretário do estado americano. Tinha 93 anos.

26

O ator e diretor paulistano Sérgio Viotti morre aos 82 anos.

30

Cesar Cielo conquista o recorde mundial de 100 metros livre.

AGOSTO

17

Maior especialista em reprodução assistida no Brasil, o médico Roger Abdelmassih é preso acusado de estupro e atentado ao pudor.

25

Irmão mais novo de John Kennedy, o político americano Ted Kennedy morre aos 77 anos.

2009

SETEMBRO

14

Morre o ator Patrick Swayze, de 57 anos.

21

Presidente deposto de Honduras, Manuel Zelaya retorna a seu país e pede asilo na embaixada brasileira em Tegucigalpa.

29

Um terremoto no oceano Pacífico, que atingiu 8,3 graus na escala Richter, provoca um tsunami que devasta as praias das ilhas de Samoa, Tonga e Samoa Americana, matando cerca de 180 pessoas.

30

Um tremor de 7,6 graus de magnitude atinge a ilha de Sumatra, na Indonésia, soterrando 3 mil pessoas.

OUTUBRO

2

O Rio de Janeiro é escolhido para sediar os Jogos Olímpicos de 2016, pela primeira vez na América do Sul.

4

Morre a cantora argentina Mercedes Sosa, de 74 anos.

9

Barack Obama é anunciado o terceiro presidente americano em exercício vencedor do Nobel da Paz.

17

Um helicóptero da Polícia Militar é abatido por traficantes enquanto sobrevoa morros cariocas. Apenas três dos seis passageiros sobrevivem.

30

Morre aos 100 anos o antropólogo francês Claude Lévi-Strauss.

NOVEMBRO

7

Morre o cineasta Anselmo Duarte, diretor de *O Pagador de Promessas* (1962). Tinha 89 anos.

10

O maior apagão da história do Brasil deixa às escuras 88 milhões de pessoas em 18 estados.

20

Economista e ex-prefeito de São Paulo, Celso Pitta morre aos 63 anos.

28

É divulgado um vídeo no qual o governador do Distrito Federal, José Roberto Arruda, aparece recebendo maços de dinheiro. Segundo ele, o dinheiro seria usado na compra de panetones para os pobres.

DEZEMBRO

13

Paul Samuelson, economista americano, morre aos 94 anos.

Um menino de 2 anos com quase 50 agulhas inseridas no corpo é internado em um hospital na Bahia. Seu padrasto, Roberto Carlos Magalhães, o autor das perfurações, é preso dias depois.

18

O nadador Cesar Cielo bate o recorde mundial de 50 metros livre.

19

Morre o economista e diplomata Lincoln Gordon, de 96 anos. Foi embaixador no Brasil durante o regime militar.

24

O menino Sean, de 9 anos, retorna aos Estados Unidos com o pai, o americano David Goldman. A guarda da criança era disputada pelos avôs maternos; a mãe de Sean, a brasileira Bruna Bianchi, morreu em 2008.

2010

JANEIRO

1º

Os temporais de verão derrubam encostas e causam alagamentos nos estados do Rio de Janeiro, de São Paulo e do Rio Grande do Sul. No total, mais de 100 pessoas morrem e outras 3 mil ficam desabrigadas.

4

Secretário de Segurança Pública de São Paulo durante parte da Ditadura Militar, o coronel Erasmo Dias morre aos 85 anos.

11

Morre Eric Rohmer, cineasta francês, de 89 anos.

12

Um terremoto de 7 pontos de magnitude derruba 70% das construções de Porto Príncipe, a capital do país mais pobre das Américas, o Haiti. Mais de 200 mil pessoas morrem. A médica Zilda Arns, fundadora da Pastoral da Criança, é uma das vítimas.

27

Ex-presidente de Honduras, Manuel Zelaya deixa a embaixada brasileira em Tegucigalpa após 128 dias e parte para novo exílio, dessa vez na República Dominicana.

Autor de *O Apanhador no Campo de Centeio*, o escritor americano J. D. Salinger morre aos 91 anos.

31

Morre o escritor e jornalista argentino Tomás Eloy Martínez, de 75 anos, autor de *Santa Evita*.

FEVEREIRO

11

Acusado de corrupção, o governador do Distrito Federal, José Roberto Arruda, é preso e afastado do cargo

O estilista inglês Alexander McQueen, de 40 anos, é encontrado morto em sua casa, em Londres, enforcado dentro de um armário.

27

Um tremor de 8,8 pontos na escala Richter devasta um quinto do território do Chile, matando mais de 700 pessoas.

28

José Mindlin, empresário e bibliófilo paulistano, morre aos 95 anos.

MARÇO

4

Morre o compositor e pianista carioca Johnny Alf, de 80 anos.

12

O cartunista Glauco Villas Boas, 53 anos, e seu filho, Raoni, de 25 anos, são assassinados a tiros na casa em que viviam, na Grande São Paulo, por Carlos Eduardo Sundfeld Nunes, de 24 anos, um amigo da família.

21

Um vulcão localizado na região da geleira de Eyjafallajokull, na Islândia, entra em erupção e expele uma gigantesca nuvem de cinzas que cobre boa parte da Europa. Durante seis dias, quase 100 mil voos são cancelados por falta de segurança.

27

O bacharel em Direito Alexandre Nardoni é condenado a 31 anos de prisão pela morte de sua filha Isabella. Sua mulher, Anna Carolina Jatobá, também envolvida no crime, recebe a pena de 26 anos.

29

Morre o criador do *Jornal Nacional*, o jornalista e cronista esportivo Armando Nogueira, de 83 anos.

Duas terroristas suicidas se explodem em estações do metrô de Moscou, na Rússia, matando cerca de 40 pessoas e ferindo outras 60. A autoria do atentado é assumida por rebeldes chechenos.

ABRIL

5

Uma tempestade despenca sobre o estado do Rio de Janeiro, provocando alagamentos e o desabamento de dezenas de casebres construídos em morros. O saldo da tragédia: quase 200 mortos, 160 feridos e 11 mil desabrigados.

9

A cantora americana Lena Horne morre aos 92 anos.

10

Morre em um desastre aéreo na Rússia o presidente da Polônia Lech Kaczynski, sua esposa, Maria, e toda a comitiva oficial que viajava com ele.

20

Explode a plataforma petrolífera Deepwater Horizon, da companhia British Petroleum, fincada a 60 quilômetros da costa dos Estados Unidos. Imediatamente, uma imensa mancha de petróleo começa a se formar e a se espalhar pelo Golfo do México.

2010

MAIO

7

É aprovado um pacote de ajuda de 110 bilhões de euros para tentar impedir o alastramento da crise financeira que atinge a Grécia.

13

Entrega-se à polícia a procuradora aposentada Vera Lúcia Sant'Anna Gomes, acusada de torturar uma menina de 2 anos que estava sob sua guarda e a quem pretendia adotar.

29

Morre o ator americano Dennis Hopper, de 74 anos.

JUNHO

1º

Kazuo Ohno, bailarino japonês, morre aos 103 anos.

18

Morre o escritor português José Saramago, de 87 anos.

JULHO

4

Morre aos 75 anos o aitolá xiita Mohammed Hussein Fadlallah, considerado o líder espiritual do Hezbollah.

7

Acusado de ter ordenado o assassinato da ex-amante Eliza Samudio, com quem teve um filho, o goleiro Bruno Fernandes, ex-Flamengo, entrega-se à polícia.

Morre o jornalista e produtor musical mineiro Ezequiel Neves, de 74 anos.

11

A Espanha vence a Copa do Mundo da África do Sul.

12

Paulo Moura, clarinetista paulista, morre aos 77 anos.

20

Rafael Mascarenhas, de 18 anos, filho da atriz Cissa Guimarães, morre ao ser atropelado em um túnel fechado para obras no Rio de Janeiro.

AGOSTO

5

Um desmoronamento bloqueia a única saída da mina San José, no Chile, e deixa 33 operários isolados.

2010

SETEMBRO

12

Morre o cineasta francês Claude Chabrol, de 80 anos, pioneiro da Nouvelle Vague.

Wesley Duke Lee, artista plástico paulistano, morre aos 78 anos.

16

Acusada de ter cometido tráfico de influência, Erenice Guerra, chefe da Casa Civil, pede demissão.

28

Diretor de *Bonnie e Clyde* (1967), o cineasta americano Arthur Penn morre aos 88 anos.

30

Morre o ator americano Tony Curtis, de 85 anos, protagonista do filme *Quanto Mais Quente Melhor* (1959).

OUTUBRO

3

Estreante na política, o comediante Tiririca é eleito deputado federal por São Paulo com 1,3 milhão de votos.

7

O escritor peruano Mario Vargas Llosa ganha o Nobel de Literatura.

8

Liu Xiaobo, preso político na China, é agraciado com o Nobel da Paz.

10

Estreado três dias antes, o filme *Tropa de Elite 2*, de José Padilha, contabiliza 1,3 milhão de espectadores. Passaria de 11 milhões, tornando-se o maior sucesso do cinema brasileiro.

13

Após passarem 69 dias presos a 700 metros de profundidade, os 33 mineiros são resgatados no Deserto do Atacama, no Chile.

16

O psiquiatra José Angelo Gaiarsa, propagador no Brasil da piscoterapia de Wilhelm Reich, morre aos 90 anos.

20

Morre o editor americano Bob Guccione, de 79 anos, fundador da revista *Penthouse*.

26

Morre o senador Romeu Tuma, do PTB, de 79 anos.

27

Aos 60 anos, morre o ex-presidente da Argentina Néstor Kirchner.

31

Dilma Rousseff, do PT, é eleita a primeira mulher presidente do Brasil.

NOVEMBRO

9

É descoberto um rombo de 2,5 bilhões de reais no banco PanAmericano, cujo maior acionista é o apresentador Silvio Santos.

25

Em resposta a uma série de arrastões e ataques a veículos, o governo do Rio de Janeiro invade as favelas de Vila Cruzeiro e do Complexo do Alemão, principais redutos do tráfico no estado. A operação é realizada com a ajuda do Exército, da Marinha e da Aeronáutica.

28

O ator canadense Leslie Nielsen morre aos 84 anos.

29

O cineasta italiano Mario Monicelli, diretor de *O Incrível Exército de Brancaleone* (1965), morre ao se atirar do 5º andar de um hospital.

5

Após 26 anos, o Fluminense vence pela segunda vez o Campeonato Brasileiro.

7

Criador do site WikiLeaks, responsável pelo vazamento de centenas de documentos diplomáticos americanos, o australiano Julian Assange é preso na Inglaterra a pedido da Justiça da Suécia, onde é acusado de estupro e assédio sexual.

15

Morre o cineasta Blake Edwards, de 88 anos, diretor de *Bonequinha de Luxo* (1961).

17

Cesar Cielo conquista mais um recorde mundial nos 50 metros livre.

19

Cielo bate novo recorde mundial nos 100 metros livres.

24

Orestes Quércia, ex-governador de São Paulo, morre aos 72 anos.

Este livro foi composto
em Minion Pro, DIN e ITC Officina Sans
para a Leya em abril de 2011.